Sur le pont d'Avignon

DU MÊME AUTEUR

Julien le fidèle ou le banquet des démons, théâtre, Gallimard, 2005.

Régis DEBRAY

Sur le pont d'Avignon

Café Voltaire

Flammarion

ISBN : 2-08-068960-6

À Bernard Faivre d'Arcier.

« Sur le pont d'Avignon, on y danse, on y danse/
Sur le pont d'Avignon, on y danse tout en rond.
Les beaux messieurs font comm'ça/
Et puis encore comm'ça
Sur le pont d'Avignon, on y danse, on y danse/
Sur le pont d'Avignon, on y danse tout en rond.
Les belles dames font comm'ça/
Et puis encore comm'ça... »

Jeunes gens, si vous saviez. Ce n'est pas « une rupture de mémoire » qui a rendu grognons vos souffre-douleur, en Avignon, l'été dernier. C'est le reflux. Le hoquet. L'incontrôlable renvoi. « Les plus vieux spectateurs, ceux formés par la tradition de Vilar, s'en vont peu à peu. Ces spectateurs de longue date sont déstabilisés. Mais le rajeunissement est sensible[1]... » Un cliché de manager : les voyageurs de la banquette arrière s'effacent dans la nuit, perdus pour la cause, et leurs soupirs au loin les suivent. Juchés sur le bolide « radicalité », les machinistes du frisson

1. Hortense Archambault et Vincent Baudriller, directeurs du festival d'Avignon, in *Libération* (23-24 juillet 2005).

nouveau, main en visière, cheveux au vent, une aigrette le long des tempes, s'enfoncent pendant ce temps dans l'inconnu, impavides, sourds aux pleurnicheries des gardiens du tombeau. Le train du monde a embarqué saint Vilar, sainte Maria et saint Gérard, et il emporte ses momies au loin, le TGV, sans écho ni sillage. N'en déplaise aux responsables de notre Chantier de Jeunesse dernière version (dérangeant, animalier et coprophile), ce n'est pas ainsi que les époques filent au fond d'un homme. Elle n'a pas craqué, savez-vous, la mémoire du vieux con. Elle s'est recousue. Dans les ruelles, le linge ne sèche plus aux fenêtres, la place de l'Horloge est devenue piétonne, on ne crawle plus dans le Rhône, mais le rocher des Doms, les sautes de mistral, la scie des grillons, les arches brisées du pont Bénezet, l'ocre et miel des façades, la rocaille des fontaines, les débats du Verger à cinq heures, raccommodent les décennies en un éclair. On s'en va répétant que le *sapiens sapiens* a plus changé ces derniers cinquante ans que dans les cinq mille précédents. J'en atteste. J'ai découvert la fraternité en débarquant au festival d'Avignon en 1956, après mon premier bac. J'ai mieux compris notre effritement d'aujourd'hui, en y retournant, en 2005, avant mon dernier couac. Ce ne sont pas que nos légendes, nos songes d'une nuit d'été, notre « idéal du moi » qui dansent sur le pont d'Avignon. Ce sont aussi les figures de notre « nous », qui ne sont pas « raccord », comme disent les ados. L'aura de Gérard Philipe dût-elle beaucoup à *Fanfan la Tulipe*, aux photos d'Agnès Varda et aux toiles de Gérard Fromanger, je n'ai pas saisi la moindre ressemblance entre la chemise blanche du *Prince de Hombourg* et celle de votre star de référence. La première nimbait un personnage ; la seconde, un individu. Quand on regardait Gérard Philipe passer dans la rue, on voyait Rodrigue ; je n'ai vu que Jan Fabre dans Jan Fabre. Du premier au second, de l'aristocrate communisant au démagogue libertaire, de « la noblesse pour tous » aux déjections partout, de l'avez-vous lu ? du comédien croquant un bouquin sur une affiche de libraire au m'as-tu-vu narcissique qui fait dresser sa statue grandeur nature au pied du palais des Papes, du cérémonial des instits et des comités d'entreprise au pensum radical-chic des professionnels, de 1956 à 2005 – la trajectoire, restons pudique, n'est pas très exaltante, mais c'est aussi la nôtre. Celle d'un bêta moyen issu des classes moyennes d'un pays moyen (les O.S. ne font pas le pèlerinage d'Avignon), votre serviteur, né avec la deuxième Guerre mondiale, et qui ne verra pas la troisième. Une débâcle faite kermesse, en somme. Un effondrement symbolique, le marronnier de l'été. La fin d'un monde n'est jamais la fin du monde, qui en a connu plus d'une et reverdit de plus belle, et dans le final en mineur du partant, sonnent les trois coups de l'arrivant. Soit. Joseph Prud'homme sait cela. Permettez néanmoins à un petit Ulysse mal informé de se poser une question bien archaïque et bien usée : « Qu'y avait-il donc en Ithaque, hormis l'innocence, qu'il n'y a plus ? » Puisque le théâtre a cette « fonction de constat », comme disait feu Bernard Dort, disons : de prélèvement atmosphérique. Le cerveau d'un barbon tout de guingois, que la bêtise d'une date de naissance place à cheval entre l'Ancien et le Nouveau Monde, ressemble à un multi-écran, pardon, un *split screen*, un hémisphère dans *l'avant*, l'autre dans *l'après*. Le temps y projette un documentaire incongru, deux instantanés côte à côte d'une même « vitrine de la création ». Même ville, même mois, même amphithéâtre... Deux photos de la vie ou plutôt de nos rêves de vie – puisque la vie est un songe – à un demi-siècle de distance, le temps d'un rond dans l'eau. Du diseur au faiseur, entre la torture à Alger et la torture à Bagdad. Je m'appuierai, pour cette trop intime discordance des temps, sur les « produits les plus dynamiques, les plus novateurs » de la saison dernière, ceux à qui vous avez conféré les honneurs de la Cour d'honneur. J'en demande pardon aux auteurs de spectacles saisissants qui, dans l'interstice, nous ont rendu la jubilation sans âge d'un médium divinement anachronique. Au théâtre comme ailleurs, la beauté continue d'arrêter les horloges. Ni la rage ni la paresse ni la mode ne pourront lui enlever ce pouvoir suspensif. Je pense en particulier à la *Mort de Danton*, de Buchner, mis en scène par Sivadier et à l'hallucinatoire *Kroum* de Hanokh Levin, ramené à la vie par Krzysztof Warlikowski. Ni dramaturge, ni critique et encore moins théâtrologue, c'est un intrus, un divagant, un même-pas-de-la-famille qui dansera le rondeau sur votre pont. Un spectateur sans don particulier, qui revient un peu tard à ses premières amours. Je plaide d'avance coupable pour la balourdise, avec une circonstance atténuante : à la différence d'autres arts, le théâtre qui jette ses pépites au vent et confie ses archives à notre mémoire, n'a que ses témoins d'un jour, fussent-ils sans qualité, pour léguer son or aux inconnus qui arrivent. Ne serait-ce qu'en images fixes, et parfois un peu floues.

I

D'un été l'autre

Ce juillet-là, le Festival fêtait son dixième anniversaire. Jean Vilar jouait le *Don Juan* de Molière ; Daniel Sorano l'accompagnait dans le *Mariage de Figaro*. Et Gérard Philipe, Prince de Hombourg, bottes de cuir, écharpe noire, somnambulique, recevait, baigné de lune, sa couronne de laurier des mains d'une inconnue mince et menue, Jeanne Moreau, je crois. Adamov bégayait l'après-midi dans le verger d'Urbain V, Henri Pichette psalmodiait ses *Épiphanies* – ou était-ce l'année suivante, je ne sais plus. Les jeunes filles, le jour, portaient des pantalons corsaires ou des jupes à corolle. Le soir, malheureusement, un cardigan acheté à Prisunic couvrait la cretonne fleurie. La ville faisait « province tranquille » (la jungle du *Off* n'avait pas encore poussé) :

parades, bateleurs, vendeurs à la sauvette, distributeurs de tracts étaient inconnus. Il y avait des quatre-chevaux dans les rues, des cigales dans les pins, et les boutiques fermaient à l'heure de la sieste. Le festivalier, qui ne se voyait pas en client, avait la tâche facile, ramassé dans l'espace et le temps. Tout se passait au Palais sur deux semaines. Tout : quatre ou cinq spectacles, dans la Cour, et autant de conférences, à côté, dans le Verger. La fête était à la fois légère et grave, comme l'ordonnance des représentations, belle et pauvre. Les gradins étaient de bois ; la haute muraille du fond laissait voir ses briques décrépites, ses taches de badigeon ; la musique de scène de Maurice Jarre était simple et pourtant majestueuse. En 1956, pour un lycéen domicilié à côté du Trocadéro, la carte d'abonné au TNP jouxtait le cahier de classe et le Malet-Isaac. Cela faisait partie du cartable, et suivre pour quelques jours la compagnie de Chaillot au palais des Papes ménageait un sas habile mais naturel vers les grandes vacances méditerranéennes. On ressentait le vertige d'un air soudain purifié, et chaque soirée nous laissait un goût de terre, de ciel et d'histoire. Trompettes, flambeaux, oriflammes, tambours : le style TNP s'ouvrait dans la nuit, à l'air libre, comme une fleur japonaise dans l'eau, et il émanait de ce cérémonial une grandeur pudique, sans grandiloquence. La salle observait un silence religieux du début à la fin – pas d'applaudissements à tel ou tel, pour saluer un numéro. Puis, après ce qui ne s'appelait pas encore la *standing ovation*, on n'en finissait plus de causer, passé minuit, en déambulant dans la ville, d'une terrasse à l'autre. Un je-ne-sais-quoi de fervent nous liait, sous les étoiles.

Juillet dernier : le tournis. Le parcours du combattant s'est notablement compliqué. C'est partout et nulle part. Caves, cours, greniers, boutiques, préaux, jardins, cloîtres – pas un mètre carré qui ne soit mis à contribution. *In* et *Off* entremêlés (cinquante spectacles dans l'un, sept cent soixante-dix dans l'autre), le Festival s'est dilué, gonflé, étalé. Il a dû sauter par-dessus les remparts, traverser le Rhône, déborder sur l'île de la Barthelasse et s'annexer Villeneuve, la Chartreuse. Du coup, force est de jouer perso. Chacun en quête du bon tuyau. « Ça, tu peux. Là, pas la peine. Ici, prudence. » La course en solitaire, pour grappiller çà et là des bribes, des éclairs de théâtralité. La tête tourne. Un épais catalogue dans une main, une carte de la ville dans l'autre, on coche, encercle, rature, griffonne sur les marges. Ce gymkhana a ses initiés (dont je souffre de n'être pas). Tel l'abonné au câble ou le client de Carrefour, le consommateur se ronge les sangs devant ses cinq cents chaînes et ses trente marques de bière. La fête dure quatre semaines : nous avons deux fois plus de temps libre qu'en 1956 et notre niveau de vie a triplé. Les coûts de l'échappée ont grandi, le budget s'est envolé. Deux mille âmes faisaient un peuple ; des dizaines de milliers de touristes font du public. De quoi se plaint-on, la billetterie chante victoire : « Cent quatre mille billets délivrés, dix mille lettres reçues. 9 % des spectateurs ont moins de vingt-cinq ans, soit 20 % de plus que l'année précédente. » Nous sommes devenus si riches. Au bistrot où l'étudiant campeur pouvait dîner pour cinquante (anciens) francs, il lui en coûte au moins trois fois plus (cinq avec un côtes-du-rhône). La rançon de la croissance. Tout pour être heureux, et pourtant... La foule se disperse, chacun s'éclipse, tête basse, ronchon, frustré, avec l'obscur et confus sentiment qu'il y a eu rupture de contrat, « quelque part ». Du contrat préhistorique. Entre le Peuple et la Culture. Pour citer deux mythes plus que défraîchis, vaguement comiques. La fonction tribunitienne que le vieil Avignon opposait aux bonbonnières or et pourpre du Tout-Paris, je ne serais pas loin, parfois, de lui trouver un air romantique un peu niais, et c'est un fait qu'il donnait aux années Vilar un aspect cours du soir, sacerdoce laïque et leçon d'astronomie à la mairie du XXe. « Si l'on ne peut plus imaginer une éducation qui ne soit pas nationale, disait-il, je ne peux imaginer une forme de théâtre contemporain qui ne soit pas populaire. » Les mots ont vieilli – mal. *National* est suspect ; et *populaire*, grillé – les *démocraties populaires* sont passées par là (mais sous le roi Vilar, rappelons-le, *nation* faisait barrage aux centurions d'Alger ; et *peuple*, la nique aux notaires). Ce qui a été gagné à l'horizontale, en cinquante ans, semble autant de perdu pour la verticale. L'intime a chassé le sublime. Un saupoudrage élégamment cosmopolite a remplacé l'oratorio sourdement patriotique. Il en a fallu des efforts, pour se hausser de Gramsci à Gucci... On n'aurait pas dit. Bon soixantième anniversaire, beaux messieurs et belles dames. Nous ferons comm'ça. Merci, joli miroir, de nous décaper le vierge, le salace et le vil aujourd'hui.

Et Jean Vilar, dans tout cela ? Une Maison. C'est le sort des plus chanceux. Les écrivains disparus sont sauvés de l'oubli par leur canne et leur chapeau, leur pendulette et leur cafetière, exposés dans « la Maison d'écrivain » que bichonne toute ville, village ou hameau qui se respecte en France. Le fondateur du Festival a rejoint les rescapés du canapé. Sa « doctrine » est plus mal en point, qu'il résumait ainsi, en 1947, magnifiquement : « Le ciel, la nuit, la fête, le peuple, le texte. » En 1956, je l'apercevais de loin, Monsieur Vilar, avec son bob et sa salopette, non loin de l'Auberge de France. Sourcils froncés, père la rigueur un peu pète-sec, discret. Pas cabot pour un sou : une tête de pion, ce qu'il avait d'ailleurs été. Comme son ami et bras droit Paul Puaux, ancien instit communiste, qui, soucieux de lisibilité, réclamait toujours, prenant la tête du Festival après la mort de Vilar, des « auteurs éducatifs ». « L'administrateur de République » était alors dans son âge mûr, j'étais trop jeunet pour oser l'aborder. Le mûr se retournera contre le camarade Vilar, en juillet 1968, quand aux cris de « Vilar, Béjart, Salazar », il devra comparaître devant les gardes rouges du Tribunal de l'Avenir. Apprendre d'eux qu'il sert d'instrument à un État policier, de véhicule à une culture de classe, bref à la poubelle (il a alors cinquante-six ans). C'est devenu une habitude : pour tourner à droite, mettre la flèche à gauche. Il ne savait donc pas, le naïf desservant du Peuple à majuscule, qui mettait un petit *c* à créateur, et ses vedettes sur l'affiche par ordre alphabétique, qu'il couvrait de son autorité une violence symbolique exercée sur les masses. Il s'imaginait encore que *Mère Courage* pouvait fédérer l'intello et le métallo (1956, c'est l'année où Brecht meurt, un an après la première venue du Berliner Ensemble à Paris) ; que dans un théâtre ni démago ni prétentieux, « citoyen », la pogne du copain pouvait serrer, à l'entracte, le petit doigt en l'air du mandarin (Barthes lui en voulut beaucoup pour cette compromission petite-bourgeoise). C'est sous les auspices de ce sobre aux gestes économes, dans sa Maison, qu'un plastronnant « mutin de Panurge », en 2005, étale son *For intérieur.* En commençant, bien sûr, par l'hommage aux « ennemis de l'État français » : Sade, Sartre et Genet. On sait que la visite, en hausse, des maisons d'écrivain n'a pas d'impact sur la vente, en baisse, de leurs ouvrages. Domiciliation ne vaut pas non plus filiation. « Le flamboyant Flamand qui a donné le ton à cette ultime édition » sait-il que Genet, dramaturge censuré par l'État français, tenait à honneur de lui cracher dessus à l'imparfait du subjonctif, dans la langue de Racine et d'Aimé Césaire, qui eût été dialecte sans vaisseaux, canons et relais de poste – sans État ? Plus habillé, plus collet monté que notre saint Genet, comédien et martyr, il n'y a pas. Il eût été chez lui à l'abbaye de Port-Royal. Ses émules, à la télé du samedi soir. Félicitons-les d'avoir banni de leurs exhibitions « Sire le mot » : ils en ont trois cents pour dire le monde.

*

À la déréliction du consommateur gavé, n'a pas peu contribué le défaut, tous l'ont dit, de « spectacles consensuels et fédérateurs ». Une étourderie de programmation ? Un signe des temps, pour sûr. En période de basses eaux mythologiques, les symboles ne courent pas les rues. Symbolique est, par étymologie, ce qui rassemble le divisé, ce qui réunit des fragments. Personne ne s'est senti frère ou sœur d'un voisin inconnu, cet été. À « la convivialité qui réunit », les directeurs ont préféré, disent-ils, « la singularité qui divise ». Sous-entendu : nous en tenons pour l'originalité contre la fadeur – et n'en attendons pas moins de vous. C'est prendre le problème pour la solution. Et contresigner notre infortune : il n'y a plus que le boulevard, le cliché ou le carton-pâte qui peuvent faire peuple, en France, aujourd'hui. « Jan Fabre divise, Robert Hossein réunit. Choisissez. » C'est là faire un peu aisément son deuil des *singularités qui réunissent*, dès qu'elles ont quelque chose à transmettre. C'est prendre un peu légèrement le parti du snobisme. C'est peindre d'or un stade plutôt sombre de notre imagination collective.

Il y avait du « symbolique » en 1956 parce qu'existait un fonds commun de savoirs et de mythes, disons un socle, un canon implicite de représentations collectives – plus ou moins identifiable par tous (et pas seulement par la bourgeoisie cultivée, un mineur et un postier pouvaient s'en faire une certaine idée). Ce fonds sonore et consonant tenait au maintien d'une continuité entre passé et présent, entre l'histoire et l'événement, entre Molière et Boris Vian, dont la rupture nous a été bel et bien signifiée. Cette continuité cumulative et chronologique avait pour traduction la continuité entre la culture scolaire et la culture universitaire, la seconde venant en couronnement de la première, sans cassure entre les deux. Ce qui avait été esquissé ou survolé dans l'une était approfondi dans la seconde. Après les généralités, pouvaient ou non venir les spécialités. Mais l'assureur, le médecin, l'avocat, le député, le journaliste, le chef de bureau avaient les mêmes références, ou les mêmes résidus. Ils n'étaient ni latinistes ni hellénistes, mais beaucoup avaient fait du latin en sixième, du grec en quatrième. Ou bien ils avaient appris un peu d'allemand, de russe ou d'espagnol, en deuxième langue. Ils savaient tous plus ou moins qui étaient Oreste, Priam, Créon ou Andromaque. Ils avaient à un moment donné appris par cœur la liste des douze Césars, des Capétiens ou des Valois, ou des Richard, bêtement, mécaniquement. Ils avaient entendu parler en classe de l'âge d'or espagnol ou du romantisme allemand. Il était donc naturel de représenter devant eux, le pharmacien, l'industriel, le postier (monter pour eux, les privilégiés, les détenteurs du capital symbolique, dira bientôt le sociologue, pour nous faire honte), *La Guerre de Troie n'aura pas lieu*, *Les Mouches*, *Antigone* ou *Les Justes*, ou encore *Le Prince de Hombourg* ou *La Célestine*. Même l'anti-théâtre sorti de Jarry et des Marx Brothers s'élevait sur cet arrière-plan. Et le mouvement ouvrier veillait, à travers ses universités populaires, ses écoles de cadre, ses stages d'été, sa semaine du Livre, à ce que les meilleurs des « travailleurs manuels », les plus qualifiés, les plus engagés (qui étaient aussi les meilleurs à l'usine, conformément à l'adage « le meilleur militant, c'est le meilleur compagnon »), s'approprient cette tradition « bourgeoise », autant littéraire que scientifique. Maurice Thorez, l'infâme stalinien, s'estimait en devoir d'apprendre du latin, en honneur à Lucrèce, et Jean-Pierre Vernant, du Collège de France, enseignait la mythologie grecque aux cadres ouvriers de Saint-Denis. Et la Société des agrégés aidant, fossile ultra-conservateur, le ministère de l'Éducation nationale, l'appareil sclérosé de la reproduction sociale, veillait à ce que le normalien agrégé de philosophie, en classe terminale, fasse le pont entre Aristote, Descartes et Kant d'un côté et le fils du pharmacien, sur l'autre rive. Sinistre époque, je l'avoue. Les survivants en gardent le rouge au front.

En 2005, les trois quarts du répertoire moderne « consensuel et fédérateur » égrène à nos oreilles des noms d'Ouzbeks, raconte des histoires du magdalénien moyen. On déplore par politesse l'éviction des langues anciennes dans le secondaire, la disparition concomitante de l'allemand, du russe et de l'italien, l'évanescence des chronologies, le raccourcissement de la littérature enseignable et le remplacement, dans nos morceaux choisis, de Paul Valéry par Françoise Giroud. Ces changements de portage – en clair, la démocratisation de l'insuffisance – ont bel et bien chassé des tréteaux les fédérateurs de 1956 qu'étaient Giraudoux, Claudel, Sartre, Montherlant, Camus, Anouilh, Marcel Aymé et les autres. Au moment où vous et moi en aurions le plus besoin.

Au moins verra-t-on *Les Justes*, m'étais-je dit en arrivant, plein d'espoir. Il se sera bien trouvé un nostalgique, entre huit cents propositions, pour y penser. Après le 11 septembre, après Madrid, après Londres. J'étais content. Je ne l'ai jamais vu jouée, la pièce de Camus. Elle s'est donnée à Paris en 1949, et raconte l'histoire d'un groupe de jeunes terroristes prêts à tuer et mourir pour une Cause, à Moscou, en 1905. Idole des bacheliers, Camus, dès l'hypokhâgne, ne faisait plus le poids à côté de Sartre, qui avait donné *Les Mains sales* en 1948, au théâtre Antoine. D'un côté, le moraliste abstrait des bons sentiments, de l'autre, l'existentiel en prise sur le concret des choses... Par une curieuse ruse de l'histoire, c'est la pièce de Sartre qui s'est décalée dans le temps, pas celle de Camus. Ç'aurait dû être le contraire, si le Progrès ne nous avait pas fait faux bond. Les dilemmes d'un compagnon de route responsable face au parti communiste, c'est tout de même moins archaïque que « l'action individuelle » de quelques fanatiques isolés dans leur coin et préparant un attentat dans une grande ville. Au chapitre « action d'avant-garde », l'organisé, d'après les bons auteurs, était censé chasser le désespéré, comme un prote la coquille. Ç'a été l'inverse. Peu importe. Camus tombait à pic. Ce serait Sartre ou Camus ? Ce ne fut rien. Il ne serait pas dit que le théâtre en 2005 pût parler du monde tel qu'il va. Il n'y a pas de pièce plus *actuelle* que *Les Justes* pour mesurer ce qu'il y a de changé dans le terrorisme ? « Peut-être, mais tellement vieux jeu. » De même qu'un peuple fait une Constitution, et non une Constitution, un peuple, une génération apolitique se donne le théâtre qui lui ressemble. Américaine en cela aussi qu'elle ne peut simplement plus regarder *l'Autre* en face. La bulle culturelle s'est internationalisée – mais c'est l'Internationale des riches avec des affres de riches – miroir, sexe et fantaisies.

Et pourtant, au Karcher, les spectacles ! Difficile d'aller plus loin dans le *hard*, l'agressif ! On s'engueule, on se tronçonne, on s'encule, on s'égorge. Le tout, *live*. Les auteurs nous l'ont d'ailleurs cent fois répété. « Le monde est violent. Ces spectacles le sont aussi. Vous voulez des bluettes ? Eh bien, ne comptez pas sur nous pour vous dorer la pilule. Affrontez la dureté des temps, ou bien quittez la salle. » L'argument tourne court. N'y aurait-il plus de souffrance que dans la psychose ou la perversion ? Même si la privatisation du pathos complète celle des autoroutes et des télécoms, les monologues du vagin, la demoiselle aux crottes de nez, les hémorroïdes de Schmoll (préalablement violé par Schmutz, dans une chambre d'hôtel cinq étoiles) limitent un peu l'horizon. Ces abstraites brutalités, ces cruautés LVMH disent au mieux la violence du crack et du gang, mais nullement les choses de la Cité, disons le chômage, l'identité, la religion, la frontière, l'assassinat préventif ou l'ignoble magnifique qu'on appelle kamikaze. Le pantin souffrant et hurlant (sans raison majeure du moins apparente) ne nous parle pas d'Hiroshima ni de Dresde ni de Sétif ni de Gaza ni de Johannesburg ni de Bagdad – et l'on entend hurler en écoutant certains murmures quand nombre d'égosillements ne donnent rien à entendre. Sans doute le théâtre politique est-il un genre parmi d'autres, et nul n'est tenu d'imiter Armand Gatti ou Dario Fo, en parlant d'aujourd'hui dans la langue d'aujourd'hui. Cela n'a jamais été la meilleure façon de tenir la note sur la distance, en faux bourdon. Maints auteurs donnent l'étrange sentiment d'avoir un choix douloureux à opérer : *soit* écrire sur ce qui arrive *soit* choisir l'éloignement. Comme si Vitez ne nous avait pas prévenus : « Le théâtre est un art qui parle d'ailleurs et d'autrefois. » Comme si *Lorenzaccio* ne nous avait pas parlé de Staline, ou *L'Alcade de Zalamea*, des putschistes d'Alger, ou le *Meurtre dans la cathédrale* d'Eliot, des pouvoirs totalitaires... Pour l'ici et maintenant, n'y a-t-il pas la télé ? C'est une lucarne fort captivante mais notoirement dépourvue d'imagination, qui ne rêve pas ou mal, ayant beaucoup de peine à s'absenter du monde réel. « L'âme a besoin du bain mystérieux des songes » et l'on peut douter que le petit écran pourvoie jamais à ce besoin-là. Shakespeare, après tout, ne met pas en scène les tueries de son époque : ses sujets ont cent ans de retard sur Cromwell, Henri VIII et la Réforme anglicane. Et Racine, deux mille sur le siècle de Louis XIV. L'art dramatique, cette injure à la télé-réalité, qui déguise pour dévoiler, n'a-t-il pas l'habitude de rentrer dans le vif du sujet en lui tournant le dos ? On ne fait pas résonner la violence du monde en la transposant telle quelle sur un plateau, en supprimant la rampe, en « comblant le fossé entre l'art et la vie » – pour la simple raison qu'il faut de grandes et longues cornues, distanciation brechtienne ou pas, pour transformer le plomb en or.

La relégation en coulisses du « théâtre de texte » se présente en révolution esthétique, ce qu'elle devient après coup, mais c'est d'abord un contrecoup. Le terreau a été asséché. Réchauffement de la planète. Les nappes phréatiques s'épuisent. Plus d'eau dans les tuyaux. On ne poétise pas plus haut que son école. Amère surprise. Entre l'autodidacte Jan Fabre et l'autodidacte Malraux, il y a un monde, c'est entendu. Mais le premier est sans doute la punition du second. La culture comme Contre-Éducation, ou l'art déscolarisé, coupé de ses médiations et de ses préliminaires, qui est l'invention de Malraux, en 1959, lorsque le ministère des Affaires culturelles fut extrait du giron de l'Éducation nationale, et qu'un monolingue polyphonique, un puits de mémoire, une encyclopédie vivante des Arts et Lettres du monde entier, un Musée imaginaire ambulant, doté, pour notre malheur de spectateur et notre bonheur de lecteur, d'un sens aigu du raccourci et de l'ellipse, eut la curieuse idée de court-circuiter les collèges et lycées par les Maisons de la culture, de doubler les lents apprentissages par une communion instantanée et de tirer un trait sur l'Éducation populaire, en la confiant, peu après, à l'audiovisuel. La trop belle idée que cinquante millions de petits Malraux allaient bientôt naître de ce napoléonien et fulgurant mouvement tournant. Personne n'avait prévu l'effet pervers de l'opération. Il avait tout simplement oublié les enfants, le colonel Berger, qui détestait son enfance et n'en avait pas de souvenirs. Ou, si l'on préfère, la sage précaution inscrite au préambule de la Constitution de 1946, qui rangeait parmi les droits du citoyen « l'égal accès de l'enfant et de l'adulte à l'instruction, à la formation professionnelle *et* [*in fine*, par induction et déduction] la culture ». Le visionnaire est toujours tué par l'angle mort de son champ de vision.

Plus trivialement : deux ans avant le traité de Rome, en 1956, la France de l'intérieur était une nation culturellement européenne, à forte armature, socialement crevassée, mais solidaire en profondeur. Celle de 2005 est un pays culturellement américain (en attendant de l'être gouvernementalement). Il y a aux États-Unis les meilleures universités du monde, les meilleurs hellénistes, les meilleurs latinistes, les meilleurs francisants, etc. (sans compter, bien sûr, les sciences dures), mais ils sont sans rapport aucun avec l'Américain moyen. Et ces matières ne s'enseignent pas dans le secondaire. Un pays américain est un pays où il y a l'excellence d'un côté, et la vulgarité de l'autre, sans passerelles ni métissage entre les deux. C'est un pays scindé, sans côtoiement suspect. La bulle ici, le marais là.

La *Ivy League* et la *middle class* (sans compter une sous-humanité d'ilotes noirs et cuivrés). Il y a désormais la France des petits blancs qui regarde TF1, où le théâtre est banni. Et celle des théâtreux, où les premiers n'entendent que du petit-nègre. Plus exactement, en 1956, la scission n'était pas consommée entre le théâtre de recherche qui peut dire merdre à son public, sur des scènes nationales et subventionnées, et le théâtre de variétés qui doit faire roucouler son public, dans des salles non nationales mais populeuses. En 2005, la scission est accomplie : un fait mental, théâtral et total. Et antisocial. Le sociologue aura beau dégainer ses chiffres, nous expliquer que 10 % de la tranche d'âge quinze-seize ans accédaient alors à la seconde en lycée contre 70 % aujourd'hui ; que le niveau monte, que les classes moyennes et supérieures n'ont plus le monopole du baccalauréat, etc., il n'en reste pas moins qu'il y avait en 1956 un imaginaire Peuple de France, et qu'il y a en 2005, faute de cette irréelle et mythique accolade, un puzzle de populations en France. C'est cela qu'on découvre quand on revient sur les lieux du délit national populaire, cinquante ans après (il y a prescription). C'est cette bonne nouvelle qu'affiche Avignon 2005 : un sous Los Angeles ou un Berlin bis n'auront plus besoin du *Cid* et il n'y a pas lieu de pleurnicher. Une économie mondialisée du spectacle va naître, parallèle à celle des best-sellers, enfin en phase avec l'autre, la vraie. Elle sera plus *performante* (notamment grâce aux clones des acteurs en 3D).

Au reste, plutôt que d'une dichotomie, il faudrait parler d'un chiasme, d'un chassé-croisé – à en croire les vétérans, entre l'ancien *In* et le nouvel *Off* qui présente, sur le tas, maints travaux de qualité. Du réservoir de recherches et de balbutiements qu'il était à ses débuts, vers 1967, le *Off* serait devenu le refuge du travail bien fait, du scrupuleux, de l'éprouvé – le bâclé, le magma, le pas-au-point ayant tendance à glisser dans le *In*. C'est du moins ce que m'ont soufflé quelques personnes de goût, les artisans de la chose, les gens de métier. D'autres m'opposent que le métier et le goût sont l'ennemi héréditaire du Novateur...

*

Allez, positivons, il serait temps. Retournons la question d'Ulysse le paumé : de quoi nous a libérés l'Avignon 2005 ? Eh bien, de tout ce qui pouvait entraver la marche au jouir d'un adolescent en 1956 : la pesée de l'Histoire sur nos rêves et nos vies ; le diktat de l'écriture ; l'habitude de s'habiller le matin ; et le plaisir un peu louche qu'on prend à décoder chez autrui un geste ambigu, une allusion voilée, un vrai faux pas. Là où je voyais sur scène des femmes et des hommes en costume, généralement debout, se déplaçant par enjambées plus ou moins rapides, je vois leurs successeurs à poil, généralement à quatre pattes ou suspendus la tête en bas. Et auxquels un double saut périlleux permettra de passer de cour à jardin. Là où je devinais un frisson mal réprimé, un trouble – « Vous vous troublez, Madame, et changez de visage » –, j'assiste à une prouesse d'épilepsie. Les fantômes protestants du TNP – Cuny, Noiret, Wilson, Silvia Montfort –, les souvenirs de Kleist, de Büchner, de Corneille m'évoquaient un mouvement ascensionnel et collectif. Un ange passe. Je retrouve le partage en partouze, et le distillé poétique en écoulement d'humeurs organiques. Si j'en crois mes yeux, « exprimer l'homme » s'entend à présent au sens presse-citron : en extraire dans un minimum de temps le maximum de sang, sperme, bave, larmes, vomi, règles, sueur, pisse et merde. Là où nous réprimait le sphincter, le pipi nous libère. Là où était le surmoi, le ça advient, et prend sa revanche. L'artisanale sublimation de 1956 nous inclinait devant l'œuvre d'un mort que le travail théâtral faisait revivre. L'industrielle prostitution de 2005 transforme le travail d'une troupe en promotion d'un vivant. Que vaut-il mieux, le peuple privé d'art, dont l'idée effrayait tant Vilar, ou bien l'art sans peuple, autiste et heureux de l'être ? Inutile de répondre : les deux se sont mis en ménage.

*

Le dernier Avignon nous a libérés d'une panoplie de mots boulets, les maîtres mots qui, de Romain Rolland à Jean Vilar, de Maurice Pottecher à Ariane Mnouchkine et de Bussang dans les Vosges à la Cartoucherie de Vincennes, ont ponctué « l'histoire d'un rêve et d'un défi » : Joie. Lutte. Désintéressement. Générosité. Combat. Partage. Résistance. Exigence. Action. Indépendance d'esprit. Pionniers. Semeurs. Respect. Lucidité. Conscience. Dignité. Ce sont tous ceux que Pascal Ory a relevés dans le vocabulaire du « théâtre citoyen [1] ». À nouvelle liberté, nouveau

1. Pascal Ory, *Théâtre citoyen. Du citoyen du peuple au théâtre du Soleil*, Avignon, Association Jean Vilar, 1995, p. 84.

lexique : Effroi. Risque. Exploration. Radicalité. Dégoût. Excès. Fureur. Violence. Agressivité. Extrême. Pulsion. Aventure. Sensation. Violence. Sauvagerie. Tels seraient les leitmotiv, si j'ai bien lu et entendu, du théâtre radical. L'inconscient collectif aurait-il une histoire – au contraire de l'autre ?

Le père de toutes les batailles est *fort*. Signal, image, geste, visuel, idée – qu'est-ce qui ne l'est pas ? C'est devenu le signe de ralliement des trois fauteurs de troubles qui prennent chaque jour une Bastille sous nos yeux étonnés : le Ministre, le Publicitaire, le Créateur (pour autant qu'on doive les distinguer). S'appelait en 1956 *idéologie* le reflet inversé du réel dans la conscience des acteurs humains. Le terme fait horreur à nos blasés – pouah, idéologue, moi ? –, l'inversion ne se porte pas mal. Un certain seuil de faiblesse, de pensée ou de volonté, déclenche automatiquement l'épithète, qu'on ne trouve guère chez Hugo, Claudel ou Voltaire. Thermostat infaillible. Une époque hédoniste voyant monter les cours du sadomaso, les spectacles où la cruauté de la chaise en plastique fait oublier au spectateur celle qui fait rage sur le plateau, parce qu'il a compris dès la première minute de quoi seront faites les quatre heures qui vont suivre, affichent jouissance à tous les étages (si l'insurrection ne donne pas mal aux fesses, c'est qu'elle manque de *force*). Pour autant que je me souvienne, pas plus que les pompiers ne prisent l'incandescence, on ne cherchait pas le *risque* et l'*aventure*, au temps de Diên Biên Phu et des Aurès, quand le sursitaire se demandait comment déserter, à ses risques et périls, les infâmes aventures coloniales. Notre novlangue est tissée d'antonymes. Moins une œuvre d'art sera élaborée, ou plus sommaire sa facture, plus le *travail* de l'artiste nous donnera à penser. Fait-il du surplace – la même idée pendant trente ans, carreau, rayure ou éponge – qu'on glosera sa *démarche*. Une « œuvre en marche » concélébrée par *Paris Match* et *Télérama* sera celle d'un *crucifié*, un *incompris*, un *hors-limites*. Et des pièces de patronage pour grand patronat futuriste, des *pièces de résistance*. C'est le jeu. Aujourd'hui, le milliardaire se reconnaît à ce qu'il arrive en jean à l'Opéra, le banquier à son amour brûlant des pauvres et l'aspirant ministre à son goût pour les marges. Un néo-philosophe ami du *big money*, du *show-biz* et du comme-il-faut, vient-il à mettre sous sa coupe journaux, radios et télés de la place que voilà un nouveau *gêneur impénitent*, dos au mur et mains nues, qui tient tête aux Pouvoirs acharnés à sa perte.

Cherchez le proscrit, vous trouverez le prescripteur.

*

À quoi bon prendre la mouche pour si peu, me demanderont ceux que le théâtre ou le Comtat Venaissin ou les deux indiffèrent. Écumes, bisbilles, saltimbanques. Bruits de saison. Scènes de jalousie chez les enfants de la balle. Entendons-nous. Ce ne sont pas le mièvre et le pied-plat qui méritent réflexion. Le cucul a le droit de vivre. C'est l'officialisation molle de ces vertus privées. C'est un sommet de platitude, merci Alphonse Allais, présenté en vertigineuse ascension par nos autorités culturelles. C'est l'article mi-chèvre mi-chou dans la bonne presse, la circonspection plus ou moins résignée et peureuse des commentaires, le haussement d'épaules météorologique, ciel brouillé sur les tréteaux, sékomça, qu'est-ce qu'on y peut ? Ça passera. On en a vu d'autres. Ces artistes, vous savez. C'est de famille. Le refus de l'exclusive, de l'injure et de l'intolérance est à mettre au crédit de l'individualisme cynique. Faut-il pour autant courber la tête du fier Sicambre, dire oui et passer son chemin ? « On doit savoir mordre pour ne pas adorer », recommandait Nietzsche. N'allons pas si loin. Se marrer doucement sera bien suffisant. C'est pour sauver sa capacité d'en rire qu'il faut prendre au sérieux une manifestation qui a perdu le rire. Il n'y a pas de quoi en effet si elle constitue le banc d'essai d'un Ordre Nouveau, sérieux, consistant, sûr de lui et dominateur. Si vous avez aimé le prototype, vous adorerez la série : le « libéralisme décomplexé et sans tabous ». Le triomphe officiel du *crying body* – de l'homme bavant, hurlant, saignant, morcelé, violé, violant, etc. – en évoque de plus officieux, qui ont rendu celui-là possible : la victoire de l'animateur sur le professeur, de l'hommage aux victimes sur l'hommage aux héros, du porte-parole sur le militant, de l'ONG sur le parti, de la foire sur le festival, du marketing sur la propagande, du désir sur le vouloir, du sondeur sur le décideur, de la parade sur la manif, de l'espèce sur le peuple, du biologique sur l'historique (arrêtons là, cela ferait boule de neige).

Quand on voit se profiler ainsi, par un zoom arrière, toutes les danseuses étoiles du siècle écoulé qui ont fait l'une après l'autre leurs adieux à la scène, sans flonflon ni tutu, sur la pointe du chausson – l'Histoire, la Classe, le Progrès, la Science, la Nation, les Devoirs, le

Travail –, on discerne un peu mieux de quoi suppurations et sécrétions sonnent le glas, et le sens d'un malaise moins bénin qu'on ne le dit. Pour le dire dans la langue du milieu : *For whom the bell tolls* ? Pour le XIXe siècle, qui est mort, comme chacun sait, en 1968 ? C'est probable, à moins que le Siècle des Lumières lui-même n'ait gagné en douce la Direction du Patrimoine (au vu du fond irrationnaliste, chamanique et fascisant des performances dont nos esprits avancés font si grand cas). Où placer la césure ? Il n'y avait pas de fracture anthropologique entre le *quid novi ?* romain et le *quoi de neuf ?* gallo-français. C'est le *koi de 9* du SMS qui rejette les deux expressions précédentes dans une même ère géologique. Et si c'était, comme me le disait à la terrasse d'un café, place Saint-Pierre, un ami des tréteaux au gai savoir, sur la Grèce que le rideau retombe [1] ? Sur un héritage finalement coûteux, fragile, embarrassant, bizarre, j'allais dire contrenature. Sur une parenthèse ouverte hier (deux mille cinq cents ans, un clignement de paupière dans la saga du *sapiens*), que ces Dionysies de mardi gras refermeraient sous

1. Robert Dumas. Voir sous sa direction, *Brecht, dans la jungle des villes : la ville*, Ellipses, Paris, 1995.

nos yeux. Faut-il rappeler qu'on doit à l'Athènes classique ces trois inventions, aussi solidaires que les étoiles d'une constellation, qui ne se disent pas par hasard en grec : la politique (de *polis*, la cité), l'école (de *scholè*, le loisir studieux) et le théâtre (de *theein*, contempler), auxquels on ajoutera la chorégraphie (de *chorè*, le chœur) ? Faut-il revenir sur la naissance de la *parole jouée*, avec la sortie du chorège hors du chœur, puis l'éclosion d'un dialogue entre les deux, et enfin l'apparition d'acteurs individuels – qui a jadis rythmé et permis la délibération en commun des affaires de la Cité ? Faire remarquer que la mise à distance, dans un dispositif frontal, par le biais de légendes et de mythes connus de tous, de certaines questions pratiques immédiates (par exemple : comment arrêter une vendetta ?) a permis à notre maman la Grèce de sublimer sa sauvagerie ? Et qu'il y a un lien, originaire et substantiel, entre civilisation et représentation ? Nous voilà sommés de désapprendre ces choses fastidieuses, et c'est, semble-t-il, un vif soulagement. Une victoire sur les fossiles. Une fête des corps. À nous la vraie vie, adieu les bourgeois. Si nous ne savons plus rire de notre avenir le plus probable, il deviendra pire encore : supportable.

De toutes nos machines à mentir, celle qui ment le moins a toujours été la théâtrale, où l'on bricole depuis vingt-cinq siècles du faux pour distiller du vrai. « Le théâtre, disait Jaurès, est nécessairement social en ce sens qu'il est toujours l'expression d'une société déterminée. » C'est sans doute aussi son infortune, à long terme : il reflète tant nos modes et nos tics qu'il ne leur survit guère. Où sont passés les Bernstein, les Bourget, Bourdet, Féval, Achard, etc. qui firent courir en leur temps le Tout-Paris ? On n'est pas certain que les shows *flashy* qui défrayent la chronique (entendons : les choix radicaux et exigeants qui défient les programmations consensuelles) fassent long feu, mais on ne leur disputera pas le mérite de mettre en son et lumière les non-dits du moment. Le festivalier groggy qui ne savait trop qu'en penser à la sortie aura au moins compris qu'il y a de la dérégulation dans l'air et que le Code du travail n'a qu'à bien se tenir. Regardez la maquette ! Demandez le programme ! Le nouveau modèle ! Objectifs : performance, transparence, équivalence. Procédure : autoréférence. Résultat : une évanescence ?

Sans doute ne doit-on pas prendre notre reflet grossi par un miroir de Lunapark pour un bouc émissaire. Ne faisons pas payer à un résonateur les pots cassés par les golden boys et les PDG à parachute. Saluons plutôt un moment de la conscience européenne. La merdaille se décide en haut lieu, mais j'ai ajouté mon nom en bas de la pétition réclamant pour cet homme libre la cravate ; et la rosette aux leveurs d'écrou qui dénichèrent la perle, quitte à défier, à l'heure où tant d'autres se cachent derrière leur petit doigt, cabales réactionnaires et imbécillités triomphantes. L'Unesco pourrait aider le conseil général du Vaucluse à patrimonialiser cette exposition hélas temporaire dont le clou est un film monté en boucle montrant le sujet de l'expo, à savoir son organisateur, Jan Fabre, faisant le guide de lui-même et déambulant devant ses productions pour montrer à un cercle de groupies tétanisées l'exposition qui montre tout ce qu'un génie peut montrer des abîmes de sa personnalité, pas grand-chose. Évasif et masqué, il est rare que le *Zeitgeist* se déshabille en public, sans faux-fuyant. Cette leçon de choses ne pourrait mieux illustrer, aux yeux de nos écoliers et grâce au procédé des rezzous pédagogiques parfaitement maîtrisé par nos rectorats, le chemin plein d'embûches qui a conduit une Europe désenchantée de la conquête du tout-à-l'égoût (XXe siècle) à celle du tout-à-l'ego (XXIe).

« J'ai fait pour mon époque le théâtre de mon temps », disait Jean Vilar à la fin de sa vie, qui refusa de voir son nom accolé à « TNP », et se disait régisseur, pas même metteur en scène. Son squatter thermométrique a eu aussi ce mérite en l'an 2005. Après le Parlement gonflable lâché par l'US Air Force sur les peuplades des steppes à démocratiser d'urgence ; après le Musée standard d'art contemporain expédié sur demande par la Guggenheim Foundation aux capitales de la périphérie candidates à l'honorabilité (pour le « bienvenu au club » du pays émergent), voici la Performance théâtrale mondialisée, garantissant, sur quelque continent que ce soit, un *pourcentage en hausse* des nuitées d'hôtel, et les meilleurs *retours d'image* pour la ville d'accueil.

L'important, c'est de circuler.

II

De la nostalgie en général

« À chier ce type ! T'as vu la vieille tige ? On se frotte les yeux. Grandeur ! Ferveur ! Pourquoi pas, tant qu'il y est, l'agit-prop à l'usine, les bourrées Léo Lagrange, les bagadou Prévert ? Fantasmer 1936 en 2005 ! Suivez le druide ! À quand, dans la foulée, "l'ardente obligation du Plan", Brecht en *prime time*, de Gaulle sur un autocollant de Sarko et Romain Rolland au Zénith ? » Eh oui, j'entends déjà les tapes sur les cuisses. Les malins pouffer. Où avais-je la tête ? Mes amis ne m'ont-ils pas cent fois répété que le « c'était mieux de mon temps », blason des moisissures, était le nid-de-poule à éviter, le lapsus fatal ? Qu'un grotesque se met la corde au cou en récusant l'aujourd'hui sur des critères d'avant-hier, que l'aujourd'hui précisément rend obsolètes ? Ah, il a bonne mine notre Zorro des familles ! *O tempora, o mores* ! Le ricanement des *Inracontables*, la pique de *The Monde*, il ne les aura pas volés, vraiment, le croûton.

Ce sera justice. On m'a mis au courant. L'aveu de mélancolie, pis qu'un faux pas tactique, tient du suicide social. Prenez l'allocution du ministre, la quatrième de couverture de l'essayiste, l'exorde de l'énarque, l'introït de l'édito, tous titres et tendances confondues. Cela commence par : « Loin de nous toute nostalgie... Sans prôner, bien sûr, on ne sait quel retour à on ne sait quel âge d'or... Nous ne sommes pas, nous autres, de ceux qui veulent ramener la blouse grise au lycée, le contrôle des changes sur les marchés, l'État dans les entreprises, une Albanie dans l'Union européenne, le Fernet-Branca sur les buffets, etc. » Sourire entendu, rires gras sur les bancs de l'Assemblée. Déminage préalable. Le couplet anti-rétro est la *Marseillaise* des Restaurations, le *vade retro Satanas !* du gagnant-gagnant, le point vélique de la vidéosphère où fusionnent vents de gauche et de droite. La cocarde du correct, le règlement du Rotary, le ruban rouge du repenti. « N'allez pas nous confondre. Nous ne sommes pas des pleureuses, nous. Nous aimons notre temps. Nous ne sommes pas des colonels Chabert, des confits, des confinés, des conformistes... » Ainsi parle le Conservateur, depuis la révolution néolithique. Et quiconque ira là-contre sera aussitôt démis de ses fonctions, comme scrogneugneu incurable ou caractériel insortable. Eh bien, désolé de vous l'apprendre : le révolutionnaire dit, pense et sent exactement le contraire, depuis le néolithique. Le désobéissant chronique est un anachronique-né. L'art d'être contemporain lui est étranger, il cultive celui d'être inactuel. Je ne puis mentionner ce point que rétrospectivement, n'étant plus qu'un banal réformiste, un très ordinaire gaulliste d'extrême-gauche (nous sommes quelques dizaines) mais il me reste assez de souvenirs pour être sûr de ce que j'avance là. Vivre actuellement l'actualité et le réel en temps réel, s'immerger dans la présence du présent, c'est toujours : 1) ce à quoi se refuse le mécontent conséquent et 2) ce que nous enjoint la *Big Mother* aux commandes. Ce credo proprement américain, que les États-Unis virgiliens et bibliques se gardent bien de respecter à domicile, dans leur religion archi-archéo, civile et nationale, mais qu'ils inculquent manu militari au reste du monde (tant pis pour lui) sous le nom sacré de Démocratie, aggravé par le *must* télégénique, plaque sur le visage de nos politiciens locaux, hilares professionnels condamnés jusqu'à leur mort à un *cheese* hollywoodien, le sourire formolisé et cireux du béat éternel. Pour le plus grand bonheur des chirurgiens esthétiques, et du CAC 40.

Il est de bonne guerre, face au badaud, de jouer les chevelus du balcon contre les genoux du parterre. Mais à ceux pour qui, bataille d'Hernani en tête, l'affaire est pliée d'avance, j'ai le pénible devoir de rappeler une vérité saugrenue, désagréable, et même répréhensible, qu'attestent les annales de l'humanité entière, de Gracchus à Cromwell et de Calvin à Gandhi : c'est, à chaque bond en avant, par un retour en arrière que la soif de vivre secoue la tyrannie du fait accompli. La Querelle des antérieurs et des postérieurs est là pour amuser la galerie car, pour les choses de la Cité, de l'art et de la religion, la lutte du neuf et du vieux se déroule à fronts renversés : les nostalgiques secouent les cocotiers, les amnésiques sèchent sur pied. C'est une loi : qui veut sauter par-delà prend l'en deçà pour tremplin. Et joue le différé contre le direct. Pour aucun révolutionnaire le contemporain n'a été, n'est et ne sera une valeur. Et moins encore un facteur d'obéissance. Les Réformés Luther et Calvin ont sauté par-dessus le Moyen Âge de leur époque en opposant les paléochrétiens, ceux des catacombes, à la néo-papauté de la Renaissance : la modernité européenne procède d'un retour de quinze siècles en arrière, à Paul de Tarse, citoyen romain du Ier siècle. La Fontaine, qui pète le feu, ne s'est pas revendiqué comme moderne : il s'est enfermé avec Ésope. Le libertin du siècle de Louis XIV, qui professait l'atomisme et la libre-pensée, prenait de l'avance sur son contemporain Bossuet en exhumant les grimoires de Lucrèce et de Démocrite. La Révolution française s'est mis en tête de rénover et renouveler la République romaine en plein XVIIIe : le comble du ringard. Pour Saint-Just, le moderne c'était le rococo. David contre Boucher, quoi de plus rétro ? Est-ce un hasard si le XIXe siècle, qui fit de la nostalgie son sentiment royal, fut celui des révolutions ? 1830 court après 1789, et 1848 après 1792. Les Communards jouent les quarante-huitards face à un Second Empire souvent avant-gardiste ; et Lénine, dont la dépouille est enveloppée dans un drapeau de la Commune de Paris, dansa sur la neige dans la cour du Kremlin le matin du cent et unième jour du pouvoir bolchevik – un de plus que ceux de Belleville. Trotski, le Carnot de la révolution russe, condamne en Staline le thermidorien. Au Coca-Cola, le sous-commandant

Marcos réplique par Zapata, paysan indien assassiné en 1919. Et l'insubordination à l'empire du Venezuela se nomme *bolivarienne*. Le Che, qui avait San Martín pour émule, m'a demandé que je lui ramène plus tard en Bolivie *L'Histoire de la décadence et de la chute de l'Empire Romain* d'Edward Gibbon (1737-1794). Personnellement, je n'ai jamais rencontré un révolutionnaire qui ne se sente en deuil de ses contemporains, et en dette envers les morts. C'est d'un incurable porte-à-faux avec l'actualité qu'il tire, l'heureux débranché, son électricité propre. C'est une « scène primitive », histoire transmuée en légende, qu'un volontariste de cette espèce entend reprendre comme un acteur le fait d'une pièce interrompue par la censure. C'est sans doute là où le bât blesse, mais c'est ainsi, sous l'émulation de quelques grands morts, qu'un décalé sportif enfourche sa Rossinante. Leur cendre froide lui est brûlure. Il va de soi que l'attraction des vieilles lunes peut produire chez notre activiste autant d'énergie que d'hallucination – mais c'est ce temps de retard qui donne au réactionnaire de progrès –, que la tradition européenne nommait, depuis deux siècles et jusqu'à ce matin, un « révolutionnaire » – un sérieux temps d'avance sur le gestionnaire des « conditions réellement existantes ». Sans vouloir peser les contre-indications pratiques de ce déphasage psychomoteur, on notera le tête-bêche entre l'épate-bourgeois des tréteaux et l'usager lambda de l'AK-47. Le premier rêve d'une scène qui ressemble à la rue, le second rêve l'inverse. L'un se met à poil, l'autre en costume. L'un décalque notre vie quotidienne, et fait des phrases, l'autre la sublime et passe à l'acte. Le rebelle mime l'original dont il se veut la doublure – Zapata, Danton, Rossel, Blanqui, Trotski ou d'autres – ou le canevas dont il se fait le repreneur ou l'interprète pour théâtraliser un événement qui ne mérite pas tant d'honneur, aux yeux des hommes sans souvenirs – grève, bavure ou jacquerie. Une révolution, c'est une poignée de manifestants – ou si vous préférez : une minorité agissante – qui se met à jouer du Büchner ou du Brecht là où vous et moi vaquons à nos petites affaires sans nous monter le bourrichon.

À ce déflagrant jeu de rôles, à cet instinct de re-présentation propre aux impatients habités, les satisfaits de l'état des choses opposent le slogan du néo-libéral à l'assaut : le présent pour idéal, le passé pour repoussoir, l'avenir pour alibi. Le stéréotype garde même assez d'emprise pour s'imposer à une actualité dont les séismes ont tous pour épicentre des fables enfouies dans d'obscurs tréfonds chronologiques – *retour* à Sion, ou sionisme, *retour* à l'Oumma, ou islamisme, *retour* au « village en haut de la colline », ou américanisme. Mais nous sommes d'avant-garde, et nous ne mangerons pas de ce pain rassis : Orphée respectera l'interdit, on ne se *retourne* pas, en avant marche. On comprend mieux l'intérêt qu'a l'ordre marchand de reléguer les humanités au troisième sous-sol ; gommer la chronologie dans les cours d'histoire à l'école ; confier l'enseignement littéraire aux linguisteries des fruits secs ; circonscrire l'histoire de l'art aux demoiselles de bonne famille et celle des religions aux légionnaires du Sacré-Cœur ; combler les vidéothèques et abandonner à leur sort les bibliothèques universitaires et municipales (le budget alloué à telle éphémère « installation » contemporaine équivaut au montant annuel des acquisitions d'une grande bibliothèque). C'est la façon la plus expéditive de tordre le cou à la Princesse des contes aussi bien qu'à Gavroche. Les conservateurs du jour, qui ne parlent bien sûr que de casser la baraque, ont besoin de jeunes gens que le passé laisse en paix, les commémorations aidant. Pour en finir avec cette démangeaison, ce picotement, cette guérilla des revenants au fond de nous-mêmes, par la faute desquels nous éprouvons cette sensation formellement condamnée par les responsables du maintien de l'ordre : l'inaccomplissement de l'accompli, l'insatisfaisant des satisfactions obtenues, disons les gros trous du train-train. Ils veulent nous préserver, en somme, du contreproductif et de l'improductif. Il n'est pas mauvais, pour en finir avec cette névrose de l'intempestif, que le théâtre coure après la télé, et les représentations, après le *reality show*. Que la vie s'en tienne aux bonnes tautologies du brut et du direct (« Vous êtes vivants ? Restez-le », comme disent les panneaux sur l'autoroute), sans transfigurations inutiles. Il n'est pas mauvais qu'une image chasse l'autre, et c'est l'avantage de l'*instant replay* du petit écran, à la différence du *flash-back* du cinéma, de resservir le présent comme présent, à l'identique, sans stéréophonie. Il n'est pas mauvais que la communication, transport miraculeux de l'information dans l'espace, supplante la transmission, laborieux transport de l'information dans le temps, partout où c'est possible et surtout là où c'est le moins recommandé : écoles et instituts, arts et métiers, conservatoires, formations politiques et autres.

Pourquoi tant de faveurs, croyez-vous, réservées au théâtre à bestiaux, à *La Place du singe*, *La Ferme* à la télé, ou aux acteurs aboyant comme des chiens ? Pourquoi la restauration du zoo de Vincennes s'est-elle vu attribuer une priorité budgétaire absolue sur celle du musée de l'Homme à Paris (c'est la même ligne de crédit) ? Pourquoi les vaches de nos prairies reçoivent un euro quand l'Africain reçoit un centime de subvention ? Pourquoi le mouton, le scarabée et la punaise au milieu de la cour d'honneur ? « Je vois l'être humain comme un très bel animal, mais si nous observons les autres animaux, ils semblent bien plus intelligents et bien plus avant-gardistes. Je pense que nous pouvons toujours apprendre du monde animal. J'ai monté un jour une organisation politique pour les animaux, et j'ai souvent dit que les meilleurs docteurs et les meilleurs philosophes aujourd'hui sont les animaux [1]. » Pourquoi ? Parce que l'animal communique mieux que nous (abeilles, dauphins, chauves-souris). Parce qu'il est en ce sens plus contemporain que l'homme, et qu'il peut nous faire la leçon, sous cet angle, indubitablement. L'homme a le malheur de transmettre, ce qu'une espèce moyennement animale ne sait pas faire. Le bougre,

1. Jan Fabre, *For intérieur*, Actes Sud/Festival d'Avignon, 2005, p. 31.

depuis dix mille ans, stocke son grain et lègue ses silex à sa progéniture. Il apprend collectivement et cumulativement. Dressez un caniche, il vous faudra recommencer à zéro avec son chiot, comme si l'effort de l'ancêtre canin était nul et non avenu. La continuité cumulative est le trait propre et définitoire du bipède sans plumes, et c'est très embêtant pour la compréhension des vraies valeurs et l'adhésion joyeuse à une concurrence libre et non faussée. Nous autres, clients, débiteurs et consommateurs serions incontestablement plus épanouis si nous n'avions pas affaire aux mauvais exemples de nos prédécesseurs et si nous pouvions adhérer à notre époque en toutous fiables et loyaux, sans laisser à notre tour des traces suspectes après notre passage. Un zoo boursicoteur ferait un espace enfin sécurisé, étanchéisé, sans échappée ni ligne de fuite, sans menace de révolution et sans nostalgie, toujours frais et disco. Bien plus gérable qu'une société qui du passé échoue à faire table rase, creusée comme elle était de merveilleux, agrandie par des autrefois enchantés où l'on ne retournera jamais, mais qui n'arrêtent pas de faire retour. Un révolutionnaire est un être des lointains, un homme-chemin. Gris comme une ligne d'écriture dans ces parallélépipèdes bizarres dotés d'un début et d'une fin qu'on appelle des livres. Un conservateur est un être de proximité, un réactif en couleurs. Un individu spot, flash et news. Tempérament secondaire, tempérament primaire. Homme mémoire ou homme instant : cela fait deux espèces. « Nous voudrions voir dans les villages, rêvait à travers Hugo la IIIe République, une chaire expliquant Homère aux paysans. » Le rêve de la VIe : sur chaque tableau de bord, en voiture comme à la cuisine, un écran affichant en temps réel à l'actionnaire la fluctuation de ses titres en Bourse.

En 1956, si la mémoire ne me trahit pas, il y avait encore un suspense intitulé « l'Histoire », et un entracte baptisé IVe République. Convaincue d'accoster l'homme nouveau, d'autant plus que nourris par l'ancien, débecquetant les très modernes Guy Mollet et Massu, la vieillotte guerre d'Espagne, dont les grésillantes chansons et les photos engrisaillées nous trottinaient dans la tête, éclipsait à nos yeux de gamins déjà tiers-mondistes la très flambante expédition de Suez. Aurions-nous été, quelques années plus tard, aussi décidés à *activer le concept*, à appuyer sur la gâchette pour rendre opérationnelle la énième thèse sur « Marx, Lénine et nous », si nous n'avions été, entre quatorze et vingt ans, de passifs et sages spectateurs de *Lorenzaccio* et du *Cid*, et non, comme on l'enjoint à nos cadets, des spect-acteurs de performances interactives ? Aurions-nous appris, entre vingt et vingt-cinq ans, à faire sauter des pylônes électriques, à chiffrer le message et à piéger le GI des *contra-insurgencias* avec des *caza-bobos* (tâche plus que jamais d'actualité en zone sud) si on ne s'était pas au préalable initié, lentement, péniblement, ennuyeusement, à se réciter Lorca et Alberti, si nos théâtreux et nos pions ne nous avaient exercés, fastidieusement, patiemment, répétitivement, avec *Andromaque* et *Cinna*, aux gênes exquises de l'alexandrin, du par cœur et des trois unités ?

— Cause toujours. Le pont est coupé. On ne passe plus. Pour aller sur l'autre rive, c'est plus loin, beaucoup plus loin.

III

De quelques faux procès, et d'un plus vraisemblable

Écartons d'abord trois mauvais sujets, d'indignation.

Un scandale en soi, le glissement du cuit au cru, du vernissé au sanguinolent ? Du symbole au symptôme ? De l'humanisme pour classes terminales, à l'animalisme de la force qui va. (Jan Fabre : « La vitalité que je recherche est proche de l'animalité. Les animaux ont beaucoup à nous apprendre. ») La régression cloacale ? Le devenir zoologique de l'hyperlogique ? Pas du tout. C'est l'ordre même des choses. Ce n'est pas le théâtre qu'on assassine, c'est l'heureuse instabilité du monde qui poursuit sa course, programmée, inévitable, du raffiné au brut. Ou de Balthus à *l'abject-art*, à la pointe de la pointe : photos de cadavres (Andres Serrano), portraits de bébés vieillards atteints de progeria, visages recouverts d'asticots (Gina Pane) ou d'emplâtres de merde (David Pane), lits en vrai d'artistes, maculés et souillés (Tracey Emin), chairs décousues et recousues (Orlan). Un médiologue sera bien le dernier à s'en effrayer. Cela fait trente ans qu'il serine, du fond de sa chambre sourde, sous le nom de code « effet-jogging du progrès technique », que l'archaïsme n'est pas ce que l'humanité laisse derrière elle en avançant mais ce qu'elle retrouve devant elle *parce qu'elle* avance ; que le début vient à la fin, que les arts premiers seront les premiers des arts, que les randonneurs se multiplient au rythme des autoroutes, etc. Cela fait plus de trente ans que la médiologie explique sur tous les tons possibles que l'islamiste ne porte pas babouches et djellaba mais attaché-case et portable, que l'intégrisme ne sort pas des facultés d'histoire et des belles-lettres mais des écoles d'ingénieurs et de technologie ; que le *human bomb* n'est pas signe d'arriération culturelle mais de transplantation hyper cultivée, non un produit attardé du douar d'origine mais la fleur en pot des banlieues à antennes. La nouvelle est arrivée dans les kiosques. À la bonne heure. Trente ans, c'est le temps moyen requis par un truisme, inaudible car trop paradoxal, pour se retrouver dans le journal, à la une. Le fondamentalisme bio est le couronnement d'un siècle d'industrialisme. C'est ainsi : le motorisé des villes, passé dix mille dollars de revenus moyens *per capita*, veut aller pieds nus dans le sable tiède. Rien là que de classique et même d'assez convenu.

Un scandale encore, le devenir prétexte du bon vieux texte ? Sans doute, qui n'a pas eu la chance d'écouter Trintignant dire Apollinaire à ciel ouvert ne peut-il se défaire de l'impression fâcheuse qu'il devient difficile d'entendre, sur une scène réputée, articuler trois phrases sans le contrepoint, dès la quatrième, d'un marteau-piqueur ou d'une rythmique techno. Il doit entrer une part de morale dans cette brimade, qui n'aurait pas sinon la régularité, la fierté tranquille d'une obligation désormais admise et reconnue. Et si la haine du texte nous cachait l'amour du prochain ? Les langues naturelles, on l'avait un peu trop oublié, interdisent à tous les gars du monde de se donner la main. Politiquement incorrectes, elles élèvent des murs d'incompréhension sur la planète, là où le marché, l'Opéra et le droit d'ingérence abolissent les frontières. Les idiomes sont les stigmates d'un passé de guerres civiles et de chauvinismes. D'où cet œcuménisme par la bande : l'union des peuples par la *muzak*. Le gouvernement mondial du décibel. La grande Europe des amplis. Le théâtre est national, la danse et la musique sont internationales. Faufilons celles-ci sous celui-là, et nous serons... planétaires. La nouvelle créativité serait-elle bruyante *parce que* morale, sexuellement affranchie mais instinctivement scout ? Périssent les vieux codes plutôt que la fraternité des peuples ! C'est le vent de la mondialisation qui exige (une raison de plus de se faire altermondialiste ?) que Tchekhov, Lorca et Strindberg aient pour *dernier mot* une sono sous un visuel.

À nouvelles attentes donc, nouvelle dramaturgie. Et nouvelle mise en page, la crise du livresque n'épargne pas le livre lui-même. Comme le graphiste et le maquettiste font mesurer leur part de valeur ajoutée au degré d'illisibilité auquel ils ont su porter un texte écrit, il semble que le nouveau créateur de scène évalue son apport artistique aux couches de théâtralité sous lesquelles il parvient à l'enfouir pour le rendre inaudible. Que la parole s'arrache au mot, et que le poétique déborde infiniment le phonétique, qui le contestera ? On sait ce que doit le théâtre de l'absurde au dynamitage de la langue, et que rien, souvent, ne remplace un geste ou un silence. On a beau se souvenir que le père Vilar « servait sous le texte roi », et que le TNP, à Chaillot, distribuait aux abonnés la pièce qu'ils venaient écouter, on ne cédera pas à ce petit goût de revenez-y. On ne campera pas sur le seuil des classiques, en chevalier du « saint langage, honneur des hommes », tirant l'épée contre le cirque, la marionnette, la pantomime, l'argot, l'onomatopée, le mal à dire, le non-dit, et toutes les variantes d'oralité, du balbutiement au jaillissement, de Beckett à Tardieu. Un médiologue sera bien le dernier à parler intégrité du message, prérogatives de l'écrivant, primat du fond sur la forme. Il sait trop ce que transmettre veut dire : non pas transporter un dépôt tel quel d'un point à un autre du temps, non pas mettre en ligne, mais transfigurer, défigurer, remettre en cause. Il préfère de loin les trahisons à l'absence de traduction. Nul n'est propriétaire du sens, pas même l'auteur d'un texte. Quand Gildas Bourdet s'oppose à Beckett, parce qu'il voit sa *Fin de partie* en rose bonbon, c'est son droit, et même son devoir. On ne peut soutenir que le médium dicte le message – et accepter que le premier puisse inverser le sens du second, vieille tragédie historique – et tenir en suspicion la médiation scénique où décorateur, acteur, musicien, costumier, éclairagiste, conspirent à faire sortir du vivant de l'inerte. S'il est vrai qu'un théâtre sans mots est un peu une musique sans notes, l'*intervalle* n'importe pas moins que les notes pour inventer la musicalité d'un texte.

Une honte enfin, le sens dessus dessous des genres ?

Qui songerait encore à pester contre le croisement des tons et des thèmes, le panachage entre la scène et la piste, le grand carnaval du théâtre éclaté ? La déhiérarchisation, c'est la trame de l'époque, et d'abord une donnée technique. Le romantisme n'avait pas mal commencé, le siècle dernier a poursuivi avec ses hommes-orchestres, qui jouent-écrivent-peignent-filment-dessinent, de Jean Cocteau à Valère Novarina en passant par Dubuffet. Si le médiologue décloisonne culture et technique pour mettre de plain-pied le haut et le bas, le noble et le trivial, le sujet et ses objets, ce n'est pas lui qui poussera les hauts cris en voyant Juliette en bikini et Roméo sur une moto. Il trouve au contraire réjouissant que le dernier cri technique retrouve les premiers commencements d'un genre oral, charnel et foutraque : la danse du bison, le rite orgiaque, le chahut des satyres, le tohu-bohu des saturnales, la farce médiévale. Rien de tout cela n'était *écrit*, ni même, après Gutenberg, *imprimé*. Que bouillonnent ces sources chaudes devrait pouvoir redonner vie à la comédie, le genre populaire par excellence et où il est le plus difficile d'exceller. Le sérieux au théâtre serait plutôt un signe de décrépitude. On a encore beaucoup à attendre des outillages numériques, idéaux pour l'hybridation et la simulation. Que de Golems en perspective ! Applaudissons.

Que la représentation ne soit plus motrice ni centrale, c'est l'évidence. En politique comme en peinture, à la scène comme à la ville. Raison de plus pour bien négocier cette mort annoncée. Pour ne pas saloper le travail du deuil. Pour lui trouver, à la distance symbolique, des fossoyeurs et non des bousilleurs. Le théâtre de texte, aussi bien que la frontalité scène/salle, base de la représentation, méritent des croque-morts compétents, doués de tact et sachant respecter la douleur des familles.

La vraie question est peut-être là : si le but est de retrouver partout la vie, et si le spectacle, c'est la non-vie, alors, plus de spectacle, et partant, plus de public. Tous dedans, plus de devant. Tous acteurs, tous en scène. Que le voyeur remplace le spectateur, et si possible, prière de toucher. À bas les distances ! Collons à la vie ! Rentrons dans le tableau ! Ôtez la rampe, le cadre, la barre de séparation, œuvre ouverte, plus de lieu clos. On vit ce qu'on joue, on joue ce qu'on vit. Tout à chaud, à vif, à cru. *Reality show. Life style politics. Living theater.* Les situs ont gagné la partie : on fera partout sauter le *re* de représentation, pour qu'advienne, n'importe où et n'importe quand, la présence en direct. Pourquoi dès lors se déplacer ? Et que trouverai-je d'intéressant à mon double sur scène ? Peu importe que *La Société du spectacle* ait démarqué, presque au mot à mot, le jeune Marx disciple de Feuerbach dénonçant l'*aliénation*, et que le *remake* nous arrive paré du génie de l'original. Qui lit *L'Essence du christianisme* (1841) ? Le plagiat a conquis ses titres de noblesse. Le fâcheux n'est pas la parodie, mais le contresens. Dénoncer le spectacle au nom de la vie et opposer l'histoire vivante à ses simulacres, c'est dédouaner la fausse monnaie « proximité », et faire coup double : assécher à la fois la vie historique et la catharsis dramatique. Tant va le spectacle au vivant qu'à la fin il se brise. En mille morceaux épars : on décompose, disloque, défait, dégrade et débonde (les bombes vivantes n'auront bientôt plus rien à faire éclater, on s'en charge nous-mêmes). Et tant va le vivant à l'humain que le sac de peau devient l'ultime figure de notre humanité. « On se lâche », crie le dernier homme (celui qui n'a plus rien à transmettre parce qu'il a tout communiqué). Vers la catatonie par le soubresaut. Le néo-indien à tatouage a tordu le bâton dans l'autre sens, et il ne s'est pas remis droit. Trop de préciosité nuisait à l'ineffable alchimie scénique ? Certes. Mais parce qu'elle n'est plus, et heureusement, l'apanage des lettrés (statut somme toute récent), la *commedia dell'arte* doit-t-elle devenir aphasique et le fragment, déchet (quand un Michaux et un Gracq nous le taillent en diamant) ? À surjouer l'énonciation, l'énoncé se volatilise ou se banalise. Faute d'avoir en ce cas le métier du mime, longue ascèse, le comédien, acrobate insuffisant ou gymnaste incertain, ne fascinera plus guère ; le danseur statufié nous débitera des *mantras* d'une voix syncopée ; et nous, on s'esbignera dans le noir. Sans doute y a-t-il une poésie visuelle et, la féerie des éclairages aidant, des silences parlants. Bob Wilson lui-même, l'immortel envoûteur du *Regard du sourd* et d'*Einstein on the Beach*, doit se douter que l'étalagisme et le papier glacé ne font pas un acte poétique complet. Au mieux, un *coitus interruptus*. Feuilleter *Vogue* ou lécher une vitrine Hermès est toujours délectable, mais il y a encore loin du ravissement à l'épiphanie. Si le mot devenu matériau sonore ne laisse rien transparaître, il retombe. Si l'œil n'a rien à écouter, il s'ennuie. Comme si une chair sans verbe mettait en déroute l'enchanteresse incarnation (ainsi qu'à l'autre pôle, un verbe trop alambiqué, l'intelligence de l'idée)...

Après *Les Précieuses ridicules,* les sauvages ridicules ? Va-t-on rugir comme on minaude ? Ce *physiologisme* né d'un *body art* devenu furibard, qui serait au corps vivant ce que l'infantilisme est à l'enfance ou l'indigénisme au lac Titicaca, rejoindrait alors, par un autre tour d'abstraction, le *psychologisme* des pièces d'intérieur, à la Paul Bourget : en nous désaccordant d'avec la Voix Lactée, le formalisme du cri primal aura alors remplacé le musée par le muséum et l'idéologie d'hier par la zoologie de demain.

D'où vient qu'un étal *gore* de corps pantelants manque à ce point de *corps* ? D'où vient que cela ne griffe ni ne morde, que ces exploits chirurgicaux s'affaissent mollement dans l'inattention, et qu'on ne s'en souvienne plus très bien, le lendemain au petit déjeuner ? D'où vient qu'un vers de Racine ou de Mallarmé peut nous donner la chair de poule, quand ces suintements et dégoulinades nous laissent de marbre ? D'où vient, de même, que la visite la plus appliquée des vingt-cinq pavillons de la Biennale d'art contemporain de Venise ne laisse guère de traces mnésiques, une semaine plus tard, alors que trois mois après, les tableaux et dessins de Lucian Freud, vus la même semaine au musée Correr, restent encore au fond de l'œil ? On est scrupuleusement passé et repassé devant dix ingénieuses installations à deux cent mille euros la pièce, lustres à breloques de Tampax, quadrichromies géantes, boîtes rigolotes, filets sauteurs à télécommande optique, on a lu et relu modes d'emploi, dépliants, catalogues et cartels, sondé les commissaires, sollicité les experts, et pftt, rien, de l'eau sur un canard. (Seul souvenir de la Biennale 2005 : de merveilleuses polyphonies visuelles, en multifenêtres, à commande informatique, prodrome d'un art futur *in statu nascendi*.) Lucian Freud ne lésine pourtant pas sur l'obèse, le flasque, l'adipeux, le couperosé ; l'avachi est son ange, et sa Muse, le difforme. Rien qu'entr'aperçus, libres de toute anecdote, ses femmes-phoques et ses hommes-baleines, blafards sans regard, nous collent à la rétine. L'informe a trouvé sa forme et sa couleur. On se doute bien que Freud a pris le temps d'en imbiber lui-même son regard, le temps d'un infini travail, d'un laborieux et méticuleux fini, d'une arachnéenne acuité du pinceau ; et avant cela, le temps d'apprendre à voir sur les cimaises, à dessiner dans les académies de Paris et de

Londres. Le Bien avait déjà ses méchants et le Mal ses bons. Grâce à cet artisan de la pâte et des gris, le laid aura ses beautés, et le beau, ses laideurs.

Ce curieux déphasage, entre l'oubli rapide des installations les plus sophistiquées, volumineuses et dispendieuses, et l'ancrage au plus profond d'un rectangle de toile barbouillé à l'ancienne, on se demande s'il n'est pas la rançon d'un *opportunisme de l'immédiateté.* Telle serait la pente à remonter, celle du solvable dûment équipé et cherchant à tirer un profit esthétique maximal des moyens techniques en magasin : MP3, GPS, double click, *happy slapping*, et autres bijoux high-tech. Nos prothèses donnent le vertige de l'instantané. Quel besoin d'emprunter « le chemin le plus long » (que recommandait Platon à l'émancipé avant de revenir dans la caverne), dès lors que l'appareil photo et le caméscope nous offrent de la trace à foison ; que la caméra numérique et le téléphone portable miniature produisent des documents immédiats, dont le flou s'apprécie plus sur le marché du visuel que l'image bien cadrée. La frontière s'efface entre le professionnel et l'amateur. La loi du moindre effort n'est plus de la paresse mais un judicieux bricolage. Et l'on peut sans trop rêver, rêver de sauter à pieds joints dans son maintenant, en court-circuitant processus, apprentissages et institutions, écoles, églises, partis, académies, ateliers – tristes conservatoires du *outdated*. Fulgurer sans travailler. On veut être Rimbaud, mais sans les années de compositions en vers latins qui ont engendré les *Voyelles*. On veut faire gicler les *Demoiselles d'Avignon* sans apprendre à peindre comme Vélasquez. On se veut Antonin Artaud au Vieux Colombier, en s'économisant les Tarahumaras du Mexique et les cinquante-deux électrochocs du docteur Ferdière. Pour le clash et le flash, à quoi bon faire ses classes ? Si l'acte de naissance vaut certificat de génie, l'idée de perdre son temps à fréquenter les maîtres, comme s'appellent ceux qui nous apprennent à nous passer de maîtres, ne peut éclore que dans le cerveau moisi d'un Père Fouettard. Nous étions tous des juifs allemands, nous serons tous des Marcel Duchamp. Qu'il s'agisse des esprits, des nations ou des styles, les indépendances étaient jusqu'ici le fruit de guerres longuettes, pleines de désagréments. Nos urgentistes font un bras d'honneur aux luttes du maître et de l'esclave et hissent de suite sur leur nombril le drapeau de l'indépendance. Rêve de néo-colonisés. En écho au « que nul n'entre ici s'il n'est géomètre » du platonicien d'antan, ne faudrait-il pas inscrire sur tous les frontons du néo-archaïque et sans se laisser bluffer par les panoplies de l'hypersphère : « retour sans détour ne vaut » ?

On se prend à rêver de stages anti-*crash*, anti-*live*. Où les intoxiqués du raccourci désapprendraient l'usage du court-circuit, l'*Ausweis* du réseau. De formations désaccélérées à la marche à pied, pour tous ceux qui sautent d'un aéroport à l'autre, tel cet adepte du *spoken word* et de la scène *slam* – les joutes de poésie orale – vantant sa partie par ces mots : « Ça va vite, c'est court, on n'a pas le temps de s'ennuyer. » Comme si l'on pouvait échapper au « je n'ai pas eu le temps de faire court ». Comme s'il ne fallait pas des années d'entraînement zen au tir à l'arc pour parvenir au *satori*, à l'éclair de vide.

Cela veut dire quoi, finalement, grandir ? *Trouver le temps long*. Cela s'apprend. C'est même tout l'art de la pédagogie : sous le flash d'actualité, retrouver la longue durée (Saladin dans le dernier métro londonien). Telle est, sans date de péremption, la *Bildung* du petit chat. Une ascèse. Des années d'école, des jours entiers à s'appesantir. À voir les heures s'étirer, comme les après-midi des grandes vacances d'été à fleur d'enfance, les romans de Tolstoï sur lesquels on s'endort le soir doucement... Quand donc l'Éducation nationale réhabilitera-t-elle l'ennui, ce grand sculpteur d'âmes ? « Parmi les prérogatives du génie, il y a le droit d'ennuyer », note quelque part Julien Gracq, à propos de Goethe et de Wagner. À compléter par : et la première obligation du potache sera de s'exercer au rasoir, comme à la corde et aux barres fixes. Les haletants aux agendas hachés menu, qui gobent tout sans rien goûter, sont punis à l'arrivée : ils s'emmerdent plus que la moyenne. Et leurs longueurs nous font bâiller. Combien d'interminables spectacles ne sont-ils pas dus à la peur du tunnel ? Et de banalités passe-partout, à l'originalité avant tout ? Autre symptôme du « qui perd gagne » : plus on économise sur le symbolique, plus on dépense en technique. Il y a plus qu'une concomitance entre la baisse de l'exigence formelle et la hausse du coût des productions.

Le naïf, le cru, le frais, cela se mérite. Au fond, la radicalité qui décoiffe et dépote, et à quoi se dopent tant de bravades sans enjeu, ne reposerait-elle pas sur un geste compulsivement répété d'*absolutisation* ? Ma personne est un absolu. Mon cri non écrit est un absolu. Mon présent est un absolu. Sans rapport avec ce qui précède et suivra, et qui ne m'intéresse pas. Plus d'histoire, foin du relatif. Plus de peuple, foin du collectif. Le Créatif se dresse alors sur ses pattes arrière, à l'avant-scène, en faisant panonceau de la seule idiotie qui ait échappé à Arthur Rimbaud : « Il faut être absolument moderne. » C'est la devise du *Siècle* (le cénacle qui réunit chaque mois nos élites parisiennes, à l'Automobile club), et l'étendard de nos somnolences. On ne peut être que *relativement* moderne. On n'est rien du tout dès qu'on l'est absolument. C'est-à-dire immédiatement et instantanément. Un *il faut devenir laborieusement moderne* eût été plus exact (et qu'a fait d'autre Arthur lui-même entre Charleville et Aden ?). Mais c'est notre rêve à tous : se laisser choir aux Maldives sans océan Indien à traverser.

IV

D'UNE GÉNÉRATION À RISQUES

Nous autres, bêtes de culture (profession : anticonformiste), pâtissons d'une maladie quasiment génétique : dans la course à l'originalité, le pompon corporatif, les pros que nous nous flattons d'être, partons avec un handicap que n'a pas l'aficionado. L'eau du bocal nous servant de bain nourricier, nous en sommes bien plus otages que les menuisiers ou les experts-comptables. Bien plus sensibles qu'un officier du génie ou un commandant de bord à la pression atmosphérique du village – journaux, tubes, coqueluches, best-sellers, nouvelles philosophies, nouvelles cuisines, nouveaux mots. En quoi nous sommes tous datés, marqués au fer rouge par notre date de naissance, mais dans le dos : chacun, en se rasant le matin, peut afficher sa fierté de ne ressembler à personne. De même que chaque époque a ses scènes à faire et ses ronds-points où ralentir – éventail qui va, pour la nôtre, de l'amour-fou-de-Venise à la-poésie-après-Auschwitz en passant par réussir-sa-vie-en-dix-leçons –, elle a ses têtes de pipe et d'affiche. Au cuir épais, l'osmose est plus difficile. La jeunesse paye le plus lourd tribut. Ne dit-on pas : « un vieil original » ? Les tendres membranes absorbent, à leur insu. Il suffit de corriger les copies de licence, à l'université, section philosophie, pour se rendre compte que chaque fournée est prise aux pattes. Personne ne pompe sur personne, mais dans neuf copies sur dix il y aura immanquablement une citation d'Hannah Arendt dans les dix premières lignes, une pointe vers Heidegger, au verso, et *in fine*, un repli sur la sagesse et la mesure, avec Popper, via Raymond Aron, ou l'inverse. Le devoir sur table, c'est balisé : n'eussiez-vous parlé dans vos cours que de Machiavel, Auguste Comte et Clément Rosset, les incontournables seront tous là, au garde-à-vous, le jour J. Parce que sur les ondes, les pages « culture », les vitrines de libraires. Et les vôtres pas. Le correcteur en sourit, mais lui-même, dans les années 1960, ne se serait pas fait faute d'enfiler ses perles millésimées : Althusser, Marx, Marcuse, Ivan Illich (côté

Sorbonne), ou encore (côté Ena), Valéry, Teilhard de Chardin, Louis Armand, André Maurois. Rastignac rend triste : il a tous ses papiers en règle. Le passeport « France Culture » avait jusqu'ici une validité d'une trentaine d'années, et avec ce saint-frusquin, un brave pouvait grimper les échelons, jusqu'à préfet, ambassadeur, professeur de rang A, et faire face au pied levé à l'allocution de circonstance, sans trop détoner, jusqu'au raout de retraite. S'il est dorénavant à renouveler chaque décennie, qui fait ses premières armes doit plus que jamais montrer patte blanche, et qu'il en est. Le flâneur d'Avignon, qui aura zigzagué une petite semaine en lorgnant ici et là conférences de presse, interviews, dépliants, tables rondes, allocutions de bienvenue et préfaces aux catalogues, dressera sans peine le portrait-robot de l'insurgé titulaire. C'est un as de la com, qui *positionne* (un nouveau venu sur la scène internationale de l'art), *finalise* (sa tentative pleine de risques), *promotionne* (un travail fort) et *initie* (une nouvelle aventure), quand son prédécesseur encore godiche se contentait d'introduire, d'achever, de promouvoir ou de commencer. Sucé au biberon audiovisuel, le franglais est la langue maternelle du commissaire. Il occupe tous les circuits de la parole parce que la libération de la parole est son office. Il ajoute aux manières rudoyantes du décisionnel la décontraction du marginal, au sans-gêne du *Off* le sans pitié du *In* (comme l'arriviste littéraire ne vise à rien moins qu'à la réputation de Blanchot *et* aux tirages de Sulitzer, à l'hommage des oulipiens *et* à sa tribune au *Journal du Dimanche*). Il ou elle a répondu comme il faut à la petite annonce du conseil général, direction régionale, adjoint au maire ou ministère de la Culture. (« Cherchons trentenaire branché, pas syndiqué, bien introduit dans le réseau, sexe féminin bienvenu. ») Et pour le praticien de l'écoute flottante, le kit de survie n'aura bientôt plus de secrets : au fond de sauce Rimbaud (changer la vie), Nietzsche (Dieu est mort, etc.) et René Char (des traces, pas des preuves), ajouter un peu de Deleuze (l'intensité, malgré le contrôle), beaucoup de Foucault (le rire contre les prisons), et pour rassurer, en coda, un zeste d'Edgar Morin (le monde est complexe, mais il faut croire en l'homme). Cet en-cas, dans la bulle, vaut blanc-seing. La trousse de survie aidera le dossier à monter, dans les cabinets, en cas de vacances ou de successions problématiques : « Nous n'aurons pas à en rougir, Monsieur le Ministre. C'est un(e) innovant(e). Il(elle) est des nôtres. » Le brevet d'homologation est inhérent à toute bureaucratie céleste. La Chine confucianiste en a fait un système la première, pour le recrutement de ses mandarins. L'élitisme républicain avait montré un goût maniaque pour le concours ; plus pragmatique, la vogue anglo-saxonne préfère le badge. Le piquant réside dans le contraste entre l'alignement des cervelles croyantes sur le prototype de base et le symbole de foi en vigueur : sus aux académismes et aux orthodoxies. Tout se passe comme si le sentier d'accès aux postes de décision – commissaire, président, délégué, secrétaire général, premier adjoint – se rétrécissait à mesure qu'il y a obligation d'esprit large et de mœurs libérées, voire insolites. Comme si, chez les héritiers de la déshérence, la religion de la différence et le clonage des spécimens progressaient de conserve. Il est vrai que les réflexes du couper/coller et du double click n'aident pas beaucoup le quant-à-soi. Le *bouquineur* des années cinquante du siècle dernier, musard et fantaisiste, était moins exposé aux ritournelles de la « culture jeune » – car sans hi-fi, baladeurs et bande FM, à une époque où le son et l'image ne formaient pas un flux indifférencié, un bain quotidien ; où l'écoute sur pick-up d'un 33 tours de Glück ou d'un 45 tours de Lester Young donnaient lieu dans la journée à une parenthèse assez attentive, voire recueillie, comme la vision dans une salle d'art et d'essai, après le documentaire en noir et blanc de première partie sur les oies cendrées ou le maréchal-ferrant à sa forge, d'un Bergman, Buñuel et Rossellini. Il pouvait prendre la tangente et faire culture buissonnière plus aisément que l'*écumeur* de blogs, de sites et de magazines, captif, malgré qu'il en ait, des standards de la culture de masse. La capacité de se tenir au sec tient beaucoup aux machines-à-faire-croire en fonctionnement, qui sont au climat d'une époque ce que le moule de plastique est à la framboise en gelée. Tout favorables qu'elles puissent sembler au farfelu et au transversal, les nouvelles facilités mnémotechniques ne rendent pas, sous cet angle, la partie facile à qui entre dans la carrière.

N'attendez ici nulle indication de date, de lieu, et encore moins de noms. Le Front de la Jeunesse a des talons de fer, qui n'y regardent pas à deux fois avant d'écraser la scorie. Qu'on me pardonne de ne livrer, des enfants de la bulle, qu'un profil perdu, une mise au pilon est si vite arrivée. Souvenez-vous de la mésaventure subie par l'Institut de prévention des risques majeurs (IPRM), si justement réputé par ailleurs. S'étant vu commander par le ministère de l'Emploi, l'une de ses autorités de tutelle (avec le ministère de la Communication et de la Culture), un rapport d'évaluation sur « les performances socio-cognitives comparées des jeunes et des vieux cons, dans la France de l'an 2000 », il en chargea sa meilleure équipe interdisciplinaire (bio-statisticiens et spécialistes des techniques cognitivo-comportementales). Au terme d'une année d'expérimentation sur deux échantillons représentatifs de la population soigneusement sélectionnés, confrontés aux mêmes tests et protocoles d'expériences, aussi bien *in vivo* qu'*in vitro* (simulation numérique), les experts ont constaté un différentiel de réussite de 2,3 en faveur du vieux con. Deux jours après sa mise en ligne, le rapport dut être retiré du site officiel du ministère sur intervention du Premier ministre, pour des motifs d'ordre public et tout bien pesé d'intérêt national, au prétexte qu'« il portait atteinte à la dignité des acteurs du changement, particulièrement aux détenteurs de véhicules motorisés à deux roues dont la colère serait de nature à perturber la circulation sur la voie publique ». Ainsi va le monde, mon bon monsieur.

Aussi se gardera-t-on de généraliser à partir de quelques cas d'espèce, en noircissant le tableau d'une génération aussi bien lancée.

Sans blessures ni lectures inutiles, exemptée d'expériences humaines par la paix, les Sicav et les cartes bleues, nourrie, blanchie et aéro-transportée, précocement sevrée de savoirs mais se rattrapant sur les infos, sans héritage encombrant ni projet collectif, allégée de tout sentiment de dette, la mémoire en miettes ou strictement utilitaire (celle de l'internaute picorant sur sa toile). Outre que c'est ainsi, à chaque tour de manège, depuis la première étincelle dans la savane africaine, qu'apparaît le trentenaire en vue au sexagénaire en berne (*Nihil novi sub sole*), on demandera aux aînés moins chanceux de garder par-devers eux leurs aigreurs. Quant à l'historien des longues durées, il saluera l'exception culturelle que constitue l'absence d'adversité et dont le fruit est ce miracle sans précédent : le renouveau sans rupture, l'équivalent du putsch d'État. Il se réjouira qu'une nouvelle vague puisse gagner le dessus du panier sans avoir eu à se coltiner les gens et les valeurs en place, dans la certitude que le nouveau existe en soi et par soi, et non par rapport à quelque chose qui a été et qu'il importerait d'avoir goûté avant de s'en dégoûter. Voici la première garde montante mise en état de gagner (places, titres et budgets) sans miser, distribuer sans accumuler, émettre sans encaisser. Le podium olympique avec un maillot sec. Le flux, sans le stock. Les premières bouches ouvertes qui ont vu, sans rien demander, tomber les alouettes rôties de ce qu'on appelle, d'un nom impropre, « le pouvoir culturel », sous le totem du *ready made* et avec la caution des consuls. Chapeau.

De là sans doute, en honneur à la loi d'inversion, le culte du risque, valeur promotionnelle numéro un. C'est de bonne paix. À classer dans la rubrique « indécences par innocence ». La merde ne fascine pas les Afriques sans latrines ni fosses septiques. Ni le sang et les larmes, les Orients où, l'Occident aidant, ils giclent d'abondance. Les pays de basse vitalité et faible natalité, où principe de précaution, limitations de vitesse sur les routes et contrats d'assurance-vie nous protègent plutôt bien contre les accidents et où personne n'aurait la sotte idée de mourir pour une cause, ont donc haussé « le risque » en tête des devoirs de prestige. Il s'agissait au départ d'un risque professionnel : celui que prend le *performer* de la Poésie-Action, quand il improvise et met ses énoncés au risque d'une énonciation plus ou moins imprévisible, et où personne ne sait, ni le public ni lui-même, comment tout cela va finir. Ce tremblement aléatoire, cette expectative partagée redonnent une qualité d'événement (ce que jamais on ne verra deux fois) à la chose proférée, au geste, au souffle, à l'ambiance d'un lieu. Dans la poésie contemporaine, le festival Polyphonix (dont nos médias parlent bien trop peu) mixe l'écriture, la vidéo et la musique, et avec ses poètes acteurs (Jean-Jacques Lebel, Jacqueline Cahen, Joël Hubaut, Bernard Heidsieck, Esther Ferrer et d'autres), ce qui se passe sur scène ne se déroule plus après le poème écrit, c'est de la poésie faite présence. Et chaque présentation est un pari. C'est à cette veine réellement créatrice qu'est venu, apparemment, se recharger le dernier cri avignonnesque au risque d'en faire parade ou recette, quand la performance supporte tout, sauf l'inauthentique. L'art à deux temps, comme le théâtre et la musique classiques (l'œuvre, et puis son interprétation), devient l'art à un coup, comme le free-jazz, la photo argentique ou la danse moderne. De là à extrapoler *le* risque en valeur absolue et permanent vertige, il y a un pas à franchir dont l'extrême gravité peut laisser perplexe[1]. Car enfin, ce

1. *L'épreuve du risque – Jan Fabre, une œuvre en marche, Alternatives théâtrales* n° 85-86, festival d'Avignon, 2e trimestre 2005.

n'est pas la corrida, ni le parachutisme, ni le cirque, vrai péril. L'exercice a des loupés, certes, mais ici, le funambule a le pied à terre, le trapéziste, un filet. Pour le reste, qu'est-ce qu'on risque, quand on a reçu de sa DRAC une subvention d'écriture ? Sa vie ? La prison ? Ses économies ? Son poste ? Au pire, ce sera une couverture d'hebdo et un carton d'invitation du ministre. On s'en remet.

Le branchement performateur, qui tire sur la ligne de crédit « arts plastiques », où la performance a conquis, depuis Dalí, Klein et bien d'autres, droit de cité, peut apparaître en fait comme une façon très museau pointu et longue queue de *limiter les risques*, en quittant juste à temps le navire littéraire avant naufrage.

Réflexe de survie, et jusqu'à un certain point, crochet astucieux. Comment faire pour que la civilisation littéraire, celle qu'ont transmise aux bambins, au cœur de l'âge industriel, les profs et les prêtres et qui aura du mal à leur survivre, n'entraîne pas dans sa chute un lieu de communion aussi étroitement lié à la littérature ? Cette agonie ne menace pas que libraires et éditeurs. Les best-sellers surnagent, le fonds a cessé de se vendre ; et l'admirable expo Sartre à la BNF est restée aussi déserte que l'eut été la plus éblouissante scénographie

Gide, Diderot, ou Montaigne. Le théâtre à l'estomac a peut-être trouvé la parade : à la prison du livre, il substitue celle de l'image. Le déménagement des belles-lettres vers les beaux-arts détonne sans doute plus en France qu'ailleurs. Les grands comédiens y étaient de tradition diseurs plus qu'acteurs ; et le geste plus subordonné à la parole que l'inverse, comme en Allemagne et en Russie. Jusqu'à ce matin, au pays de Jaurès, de Mounet-Sully et de Mitterrand, le déclamatoire portait beau. Les Américains de France auront à soigner demain cette « hypertrophie de la glande grammaticale » dans un pays déjà bien atteint, qui avait fait de son Dictionnaire une affaire d'État, de l'accent un sujet de moquerie, et de sa langue, son cheval d'orgueil national. Plus tributaire du livre que l'Italie ou l'Espagne, peu douée pour le baroque, la France n'a pas non plus sur son seuil un Shakespeare. Mais c'est le seul pays où le trio de référence, Corneille, Molière et Racine, regroupe trois auteurs dramatiques. L'ancrage dans le « poème » est bien, chez nous, un label de terroir. De Voltaire à Gracq, nos grands écrivains ont toujours écrit pour la scène ; notre « anti-théâtre », Ionesco ou Beckett, fut un fait de langage ; et Artaud, comédien et acteur, d'abord un écrivain. On se plaint qu'il n'y ait plus de bons dramaturges vivants. C'est faux. Il y en a tout autant, disait à bon droit Koltès, que de metteurs en scène. Où sont nos Obaldia, nos Giraudoux, nos Audiberti ? Leurs noms sont connus : Éric-Emmanuel Schmitt, Jean-Claude Grumberg, Michel Vinaver, Armand Gatti, Jean-Claude Carrière... La relève tient la route. Ce sont les patrons, insurpassables dans la rubrique, les Grands du domaine réservé. Ils ne sont pas responsables du fait que l'Odéon a été remis à sa place, et le « secteur sauvegardé », définition pathétique et administrative du théâtre, dans sa niche – qui n'est pas la première. Ce n'est plus le foyer de la conversation nationale, et européenne moins encore. L'âme publique fermente ailleurs, et Hugo nous paraît bien emphatique lorsqu'il invoque « un creuset de civilisation » dont « toutes les phases veulent être étudiées ». Margot a séché ses larmes au deuxième balcon, et le paradis a perdu ses enfants. Il arrive aux journaux de faire leur une sur une émission de télé, voire sur un film, jamais sur une pièce ni un opéra. Et qui intitulerait aujourd'hui un magazine culturel *Comœdia* ? Les choses de la scène ne passionnent plus la lorette et le titi – le collectif mijote en d'autres lieux, au stade, au petit écran, dans les concerts rock ou les raves. Les Beaumarchais du jour ont d'autres acoustiques, d'autres porte-voix moins distingués mais plus efficaces. Le jeu de vases communicants entre moyens de fascination concurrents, aux prestiges évolutifs, polarise l'énergie lyrique d'une époque vers ceux qui assurent la meilleure audience au moindre coût. Même si leur concurrence permet à chacun d'eux de mieux affûter ses armes propres, elle ne joue manifestement pas en faveur du plateau de théâtre, dont le cinéma et la télévision soulignent a contrario la lourdeur et la fixité.

Souvenons-nous malgré tout que le théâtre en Avignon est né, en 1947, pour servir de complément à une exposition de peinture (Braque, Picasso, Matisse, Ernst) dans le cadre d'une « semaine d'art en Avignon ». C'est un galeriste, Zervos, qui a contacté Vilar, et un ami des peintres, René Char, qui l'a relancé. Retour à l'envoyeur ? Pas vraiment. Parce que le théâtral a de suite fait bande à part et que l'expo était de peinture moderne. Il y aurait plutôt aujourd'hui subordination, à quelque chose de différent. Et cette annexion par les arts visuels prend des allures de sauvetage en mer. Deux avantages à la rescousse : la pompe à phynance et le press-book. À la première, profitera la logique du *catch-all*, avec d'inégalables facilités d'amortissement à l'export. *Holiday on Ice* ou la comédie musicale à sujet ou le Crazy Horse, sans besoin de traduction ni de « capital scolaire » préalable, voyagent mieux que *Le Soulier de satin*. Au second, profitera la mise à l'abri critique, par raccordement à des valeurs sûres et occidentalement consacrées (on ne plaisante pas, en haut de l'échelle, avec Beuys, Warhol ou Jeff Koons). Le réseau de soutien est aguerri, dissuasif et disponible ; il a subi l'épreuve du feu ; et les escopettes entraînées au nettoyage éclair du terrain fusilleront en trois lignes le moisi-vomissant-comme-de-juste-l'art-dégénéré. La dispute « art contemporain » constituant un genre connu, programmé sur disque dur, le risque-tout du spectacle vivant retombera sans mal sur ses pieds.

À long terme, on peut s'interroger. Pas seulement sur le factice de l'emprunt, le côté seconde main des poncifs et des tics (sur-souligné en Avignon par l'indigence des propos et propositions d'un Beuys de série B). Mais sur le bien-fondé du recyclage. Que l'art contemporain n'ait pas de public, ce n'est pas grave. Il n'est pas fait pour cela. Il fait sa pelote en petit comité, auprès des directeurs de musées, des habitués de Christie's ou

Sotheby's et des collectionneurs fortunés. Ajoutez à cela dix exégètes, vingt commissaires, et ce microcosme boucle l'affaire à l'échelle mondiale. Prenez une galerie dans le vent ou le pavillon français à la biennale de Venise : on fait salle comble le jour du vernissage, avec les copains et les habitués ; à demi remplie les deux jours suivants, d'une petite foule de curieux qu'a attirée une presse dithyrambique ou comminatoire ; et après, le désert. Comme dans ces musées-champignons, au taux de fréquentation décevant, où c'est le geste architectural, surmédiatisé, qui attire le client (lequel traversera ensuite au galop les salles d'exposition). Le spectacle en revanche, et cette gêne fait sa gloire autant que le malheur de ses intermittents, ne peut se passer du pékin. On joue de moins en moins, parce qu'on ne joue pas devant une salle vide. Dans cet art deux fois collectif, où une troupe et une salle se frottent l'une contre l'autre, comme des silex, le feu ne prend pas sans quelque relation charnelle entre les deux. L'art contemporain a passé contrat avec le haut du pavé ; le théâtre a un pacte originaire avec le ruisseau, que le boulevard prolonge à sa façon. Qu'il soit farce ou sotie, moralité ou mélodrame, il est chez lui sur le Pont-Neuf et le Boulevard du Crime. La règle des règles, selon Molière, c'est de plaire. Aubaine ou malchance dont ne bénéficie ni ne souffre le romancier qui peut, comme Henri Beyle, attendre durant un siècle le chaland ; et moins encore l'installation « cinq moniteurs vidéo / fibre de verre / mousse de polyuréthane / filet de pêche », qui du fond de sa crypte, peut jouer sa partie devant trois flamines d'une secte ésotérique quoique officielle : l'esseulement ajoute au mystère, il fait partie du culte. En revanche, le blues avignonnais incite à demander si le remède ici n'est pas pire que le mal ; et si l'espoir de régénération par l'image-choc, l'hypnose sonore ou les feux d'artifice ne va pas nous conduire encore plus vite de l'irritation au désintérêt, ou de la rouspétance à la désertion.

V

D'un problème sans solution

« Mais qu'est-ce qu'on vous a fait pour que vous nous traitiez comme ça ? » Le cri de Job à son Créateur, qui fuse çà et là des gradins en détresse, nos hauts-commissaires à la subversion ont tendance à s'en gausser comme d'une réclamation de justice démodée, tributaire de l'idée reçue et sosotte selon laquelle il devrait y avoir « quelque part » un équilibre entre la faute et le châtiment. Le SOS d'un public s'estimant, sans doute à tort, puni et innocent, fait sourire les directeurs et n'émeut plus guère notre Créateur. « De quel droit vous nous méprisez ? — Ô gens de peu de foi, l'Impénétrable sait mieux que vous ce qu'il a à faire. Taisez-vous et applaudissez. — Et si on n'a pas envie ? — Tout Artiste et l'Artiste comme tel doit être salué et écouté. Faites votre devoir. — Et pourquoi donc ? — Parce que nous sommes en démocratie, na. »

Le quiproquo mérite explication.

Aucun secrétaire d'État aux Beaux-arts n'eût imaginé, en 1956, devoir coiffer le festival d'Avignon d'un « artiste associé », en onction spirituelle et caution de radicalité. En ces temps primitifs, acquis au culte de l'éducation (nationale et populaire), il n'y avait point encore de religion de l'art. Le mot désignait une œuvre signalée, avec derrière, souvent cachée par elle, un individu de chair et d'os. Il désigne à présent un nom célébré, avec derrière, éventuellement, une œuvre à signaler (fût-ce à l'état gazeux car l'œuvre est le nom, et qui fait ce qu'il faut pour avoir un nom sera artiste). Et nous ne sommes pas outrageusement gâtés en œuvres à développement durable. De même, y avait-il en 1956 des démocraties (même si on se contentait en France du modeste et vernaculaire *République*), mais point encore de religion de la démocratie. Et il n'y a plus d'égalité et de fraternité qu'au fronton des mairies. Où se découvre qu'une religion est souvent le deuil éclatant d'une croyance. C'est quand manque la conviction qu'il faut des festivités. Reste à savoir ce qui peut bien unir, en 2005, ces deux phénomènes apparemment contradictoires et d'apparition récente : la sacralisation de l'*Artiste*, et celle de la *Démocratie*. Quel rapport entre la mise sur orbite du monstre sacré, qui est à lui-même sa propre loi, et la mise à l'affiche de l'égalité de tous devant la loi ? Quel rapport entre la mise en gloire de l'Artiste par l'officialité et la mise à l'encan de l'art par le bon peuple, à la fois pour la pratique de la chose et l'emploi du mot, désormais appliqué à tous les métiers dits jadis artisanaux ou manuels (du ferronnier au pâtissier en passant par le danseur de corde) ?

Hypothèse : entre le dixième et le soixantième anniversaire, le mot *démocratie* a changé de sens. D'où le malentendu susdit entre la scène et la salle.

De Victor Hugo à Jean Zay et de Jeanne Laurent à Malraux en passant par Vilar, il s'était agi de « rendre l'homme du peuple auditeur de grandes choses ». *Démocratisation culturelle*, à la charge de l'État républicain, signifiait : mettre à la disposition du plus grand nombre possible l'ensemble hiérarchisé, pourquoi pas normatif, et normalisé par une mémoire collective, des chefs-d'œuvre de l'esprit humain. Hugo disait : réconcilier le poète et l'ouvrier. « Il faut créer un théâtre vaste et simple, national par l'histoire, populaire par la vérité, universel par la passion », avait écrit l'auteur des *Châtiments*, et le droit d'accès à ce théâtre-là, échappant en principe aux seuls privilégiés par le biais de la subvention publique, était supposé couronner le droit à l'instruction élémentaire posé par Condorcet. Illusion, sans doute, mais qui tirait un festival d'art dramatique vers le haut – drapé, fanfare, alexandrins. Et en ce sens, Malraux prit le décret d'application du vœu hugolien lorsqu'il assigna à son ministère, le 3 février 1959, la mission de « rendre accessibles les œuvres capitales de l'humanité, et d'abord de la France, au plus grand nombre possible de Français, d'assurer la plus vaste audience au patrimoine culturel et de favoriser la création des œuvres d'art et de l'esprit, qui l'enrichissent ». Le décret signé Jack Lang du 10 mai 1982 reprit la même formulation (tout en supprimant, à l'heure européenne, l'indécent « et d'abord de la France »). À ceci près que fut mis en tête ce qui était en queue, à savoir « permettre à tous les Français de cultiver leur capacité d'inventer et de créer, d'exprimer librement leurs talents et de recevoir la formation artistique de leur choix ». Un zéphyr d'autogestion était passé par là. À la bonne heure. Sauf que par *démocratie culturelle* s'entend désormais le droit de tout un chacun à l'expression de son talent sans formation artistique préalable. Ou, si l'on préfère, le devoir pour la collectivité de permettre, selon le sombre diagnostic de Beuys, à tout homme d'être un artiste – en clair : un photographe. Ce qu'étant déjà par nature ou sans le savoir, il n'a pas besoin d'apprendre à devenir. Le « droit à la culture » qu'on avait cru être celui des idiots, vous et moi, à croiser des génies, à accéder librement au trésor de l'humanité devient le droit de l'idiot à infliger au badaud sa génialité, et à tenir son nombril pour un trésor. Héritage de temps obscurs et frappé d'obsolescence, le droit au travail aura pour substitut le droit de tout citoyen à une exposition, sans laquelle le quart d'heure de célébrité promis ne serait qu'un leurre. Le talent n'est plus un don, c'est un dû.

Dans les salles de spectacle comme partout ailleurs, *exécutant* est un gros mot, qui sent l'adjudant ou le maçon portugais. Tous les participants ont rang d'auteur, et « font œuvre » : le metteur en scène, bien sûr, et le chorégraphe, mais aussi l'interprète, l'éclairagiste, le décorateur, l'habilleuse. C'est bien le moins. Le galeriste aussi est devenu un artiste à part entière, et le commissaire d'exposition, un démiurge. Tout instrumentiste sera compositeur. Comme la Légion d'honneur et le baccalauréat, la dignité d'artiste distingue de moins en moins celles et ceux qu'elle distingue. Peu importe pourvu que soit respectée l'obligation faite aux missions culturelles de service public de mettre le public au service de « propositions singulières », marottes ou fantasmes, rarement propices au partage, émanant de personnalités prépubères ou à problèmes qui trouvent par chance une thérapie dans l'étalage en public de leurs difficultés intimes (à quelque chose notre malheur est bon). Le *créationnisme*, qui est la maladie infantile des poètes, et la maladie sénile de l'action culturelle, ne pave-t-elle pas une infernale surproduction de sous-créations ? Cette privatisation de l'espace public a pourtant commencé par une plus que généreuse intention démocratique, que pourrait décomposer ce syllogisme : « Tout homme est créateur. Or tous les hommes sont nés égaux en droits. Donc tout homme doit avoir les moyens d'exercer sa créativité, et c'est aux pouvoirs publics de les lui fournir, sur attestation médiatique. » L'exercice culturel le mieux recommandé, au plan des principes (car chacun sait que la réalité sociopolitique est tout autre) ne consistera plus dès lors dans la mise en rapport des âmes simples avec l'excellence (ou ce qu'a jugé tel le recul des esprits), mais au droit du borborygme prometteur à la reconnaissance instantanée des âmes simples, par un bienfaisant mélange de subventions et de marketing.

Odieuse caricature. Nauséabonde insinuation. Et tout ce qui est excessif est insignifiant. Je soussigne. Mais demande néanmoins aux cent mille passagers du cargo d'Avignon si cette mauvaise pensée ne leur a pas quelquefois, en sortant prendre l'air sur le pont, effleuré le neurone.

*

Ce n'est pas, on s'en doute, le givré du coin qui aura le droit de déballer sa salade fraîche, avec préachat par la collectivité locale. C'est celui dont la publicité, via les organes autorisés, a fait une autorité. Le maudit très entouré, détouré plus qu'à son tour. D'où l'indispensable *Dea ex machina*, notre fée Communication, sans laquelle le « draineur des tourments du temps » devrait ramer seul et à contre-courant. C'est elle qui va nommer Festival une minutieuse entreprise de mise en rumeur, mobilisant pour ses préparatifs, comme, à plus grande échelle, le lancement d'un Houellebecq ou un bombardement de l'OTAN, une phalange de *spin doctors* et d'experts en *teasing*. Le Créateur anti-État et anti-consensus est en réalité une *coproduction presse/état* (ou avec la décentralisation, municipalité, département ou région). On appellera « Bulle » l'ensemble des coproducteurs à l'instant *t*.

Il va de soi que le Rotary des maîtres d'œuvre n'est pas un groupe de conjurés. Le décrochage entre la cotation et la production s'opère tout seul. Pas plus que la bulle financière, qui est à l'économie ce que la bulle culturelle est à l'art, n'était un complot. Plutôt une boule de neige qui s'emballe, roule et amasse mousse, aides, attentions et crédits. L'autogestion la blinde. Circulaire, autobouclée et autosatisfaite, proprement infalsifiable et waterproof, elle offre au contestataire une surface lisse et cristalline. Qui se montre récalcitrant s'avoue incompétent, voire xénophobe, noniste et populiste. Ou on joue le jeu (et tout roule) ou on s'exclut du jeu (et on compte pour du beurre). Pas de troisième terme. La bulle politique – mêmes protagonistes, mêmes titres, même autosuffisance – a éclaté un jour de référendum, car elle a un tiers : l'électeur, vous et moi, et le bougre, mal conseillé, peut aller jusqu'à voter non. Le grand cercle des malotrus concentrique aux cercleux n'existe pas dans le système cultureux. C'est le public, dira-t-on. Il vote non avec ses pieds. Mais si une révolte majoritaire peut désavouer une représentation parlementaire, une bronca populaire confirme le bien-fondé de la bulle pionnière, et l'ancre dans sa mission d'intérêt général : assurer, contre vents, marées et épiciers, la survie des beaux-arts. Et c'est vrai qu'en matière de création, l'arithmétique tue, plus sûrement que le tabac. Le Beau est censitaire. Son pire ennemi, depuis l'origine du monde, se nomme suffrage universel. C'est bien pourquoi l'anti-bulle la fait rebondir de plus belle. Le peureux-qui-regimbe est le meilleur allié du casse-cou-qui-explore. Comme l'ombre de Le Pen ressoude en un clin d'œil la communauté républicaine autour des valeurs de 1789, toutes bisbilles oubliées, le mécréant du *Figaro*, de RTL et de *Valeurs actuelles* ressoude en quelques jours, toutes chapelles réunies, la fédération des voleurs de feu autour de l'idéal de groupe. Tous sur le pont. Le patapouf attaque. Le has-been ne passera pas. Pour Ionesco, ce que Jean-Jacques Gautier, l'ancien arbitre des élégances bourgeoises, avait de pire, c'était de convaincre chaque descendu en flamme du matin qu'il était un génie méconnu. Cela se passait il y a cinquante ans. Maîtres et esclaves ont depuis permuté. Quel plus beau service rendre à nos Princes que de les victimiser ? Ils ne nous en seront pas même reconnaissants, l'ingratitude est leur seule vertu héréditaire.

L'invité qui débarque en Avignon se voit remettre dans un joli sac papier, par une charmante hôtesse, quatre épais suppléments ou numéros spéciaux – *Le Monde*, *Télérama*, *Les Inrocks* et *Libération* –, consacrés aux « temps forts » du programme officiel et complétés par un magazine très beau, *Janus* (directeur : l'artiste associé). Difficile, devant les piliers du Temple ainsi mis en série, face à un tel tir groupé, de faire la mauvaise tête. Ces publications sont distribuées et reçues avec le même naturel que le sont par les anciens d'HEC en congrès ou le Cercle des économistes en colloque, *Les Échos*, *La Tribune* et le *Financial Times*. Qui joue de la plume, du violon ou de sa voix n'a rien à espérer de *Business Week* ou de *La Vie Financière* ; qui joue en Bourse n'a rien à redouter du quatuor sus-nommé, dont l'accompagnement en revanche est vital pour l'« opérateur culturel ». Davos a sa bonne presse, Avignon en a une autre, comme Cannes ou Aix-en-Provence. Les absolus médiatiques sont toujours relatifs. À un milieu, un moment et un endroit.

On haussera les épaules : ces prépublications dissuasives et préventives sont plus feuilletées que lues ? C'est la titraille qui fait son effet. Un rapport de neurobiologistes, à la demande du ministère (Direction des Études et de la Prospective), a pu mesurer l'efficacité sur les patients de ces brochures en quadrichromie. C'est celle, déjà bien étudiée, de l'effet placebo dont on sait qu'en positivant l'attente du sujet, elle produit chez lui une libération d'endorphines et de dopamines endogènes (sans qu'on puisse encore identifier les aires cérébrales activées). Suscitant l'espoir d'une importante récompense intellectuelle et sociale à la fin des épreuves, ces témoignages d'admiration, sous des signatures prestigieuses, réduisent le stress de l'impétrant avant l'entrée en salle d'opération, améliorent l'immunotolérance à la greffe radicale-*hard*, et inhibent les facultés de jugement, du moins dans les deux premières heures, en les déconnectant du système sensori-moteur. Pour parler simplement, le sujet se tient tranquille les deux premiers soirs jusqu'à l'entracte, ce dont les vigiles de garde sont les premiers à se féliciter.

Inutile d'épiloguer sur les conditions de production de cette mise en condition (voyages de presse gratuits, mise à disposition de locaux en ville, espaces publicitaires, échanges de bons procédés, etc.). Seuls des Caton de pacotille parleront de complaisance.

Assez de persiflage. Il faut bien faire confiance. « Si vous ne croyez plus en nous, la Bonne Presse, en quoi pourrez-vous croire encore, mes pauvres diables ? Il vous restera le suicide ou le couvent. Généralement, on préfère *Télérama.* » Et l'on fait bien. L'apport de la presse, radio, télé à l'entreprise culturelle est d'autant mieux vu sur le théâtre des opérations qu'il compense les nouvelles rigueurs budgétaires, côté pouvoirs publics. Au soulagement de tous.

Quiconque creusera sous les apparences (mimétisme corporatif, snobisme des surenchères esthètes, reconnaissance du ventre, fair-play d'un co-contractant, etc.), discernera les trois fonctions remplies par ce qui est beaucoup plus qu'une cellule d'aide psychologique dépêchée sur les lieux d'une catastrophe naturelle : la liaison, la relance et le chantage.

1. *L'interface.* C'est le nœud de la question. Et plus encore pour un artisanat anti-économique, privé des ressources fiscales du cinéma, et qui ne peut miser sur la reproductibilité du produit industriel, disque, cassette ou DVD, pour l'acheminement à domicile. Pour le « spectacle vivant », il faut sortir de chez soi. Ce qui suppose une incitation extraordinaire, nul n'ayant ordinairement envie d'attraper froid, une contravention ou

un métro bondé à l'heure où les bienheureux dînent au chaud devant leur télé. Entre le pionnier et le casanier, entre le front et l'arrière, entre les théâtres (ô banlieues inaccessibles, ô dédales d'arrière-cours introuvables) et nos appartements, bref entre l'art et les populations, il faut un truchement acceptable par les deux parties, d'autant plus qu'elles se tournent le dos. Est requis un conciliateur pour rendre compatible ce qui ne l'est pas naturellement. L'empêcheur de divorcer n'a pas la tâche facile. En 1950 comme en 1850, l'agent de liaison était le critique dramatique, célébrité décisionnelle, tantôt fatidique (de Francisque Sarcey à Jean-Jacques Gautier), tantôt bienfaisante (de Léon Blum à Bertrand Poirot-Delpech et Michel Cournot). Chantal Meyer-Plantureux a récemment retracé le destin de cette figure tutélaire, remplacée, sauf dans de rares journaux (*L'Humanité*, en particulier), par l'entretien avec photo et gros titres [1]. Le pouvoir arbitral de cet imprévisible Jupiter fut atténué depuis la dernière guerre, dans l'orbite du « citoyen », par les institutions d'une contre-culture populaire et

1. Chantal Meyer-Plantureux, *Un siècle de critique dramatique,* Éditions Complexe, Bruxelles, 2003.

ouvrière : Travail et Culture. Peuple et Culture. Auberges de Jeunesse. Amis du TNP. Comités d'entreprise. Fédérations. Ligue de l'Enseignement. Mais aussi maintes revues militantes et cercles spécialisés, *Théâtre populaire* (1953-1964), *Travail théâtral* (1970-1979), *Théâtre public* (1974), etc. La défaite en rase campagne de l'ex-camp socialiste a fortement détendu ces courroies de transmission, forgées par un Moyen Âge « ouvriériste » et « populiste ». Les petits cadres de feu l'Action culturelle, qui allaient au charbon dans le 93 avec la foi de 36 au cœur, vont passer à la trappe ? Déchiré, ce tissu associatif ? La médiation ayant horreur du vide, les médias privés ont pris la place. On a les relais qu'on peut. Mais la voie de passage est toujours une fourche caudine, et le pudique « en partenariat avec » (tel ou tel titre prestigieux) déguise et minimise un « sous l'autorité de ».

L'épaississement médiatique des parcours de reconnaissance ne donne pas le beau rôle au premier, mais au moyen terme. Le transfert de signature, c'est la seconde nature de notre culture. « *Les Variations Goldberg* de Glenn Gould », peut-on entendre sur France Musique. Et sur France Culture, « *Le Balcon* de Serge Reggiani » (au lieu de : « *Le Balcon* de Baudelaire admirablement lu par Reggiani »).

Le *Cosi fan tutte* signé Chéreau ou *La Flûte enchantée* de Lavelli font une goutte de plus dans ce mascaret. Le second rôle médiatique est plus qu'un distributeur d'indulgences et de pénitences, c'est l'Auteur collectif, et il faut rendre en droit à la Bonne Presse, où la rubrique « manifestations culturelles » est la seule à n'être pas téléguidée par la télé, la fonction d'instituteur national qui lui revient de fait. N'oublions pas que la revue de presse annotée de la main du ministre, qui a remplacé les anciens rapports d'inspecteurs du théâtre, vaut instruction pour les directeurs et sous-directeurs du ministère. Le tuteur ne programme pas, il avalise ? Mais que vaudrait pour le profane une programmation artistique sans le brevet de validité décerné par les seuls qui « connaissent tout ce qui se passe dans le champ », savent mieux que nous de quoi il retourne et peuvent délivrer à la file d'attente des catéchumènes frileux ou intimidés le *nihil obstat* qui va les soulager ? Non pas le déjà vieillot « ceci est de l'art », de rigueur au temps déjà lointain de l'urinoir, mais le « ceci *sera* de l'art demain », qu'impose l'âge des start-up et des culbutes boursières. Traduction : achetez sans crainte, petits porteurs, vos actions vont monter. Faute de ce feu vert, la tournée prévue en province (seule façon d'amortir les coûts) ou à l'international sera purement et simplement décommandée ; et la création parisienne, désinvitée.

2. *La relance*. L'ahuri se blase, l'étonné se lasse, et il arrive que les fidèles se livrent leurs doutes à mots couverts, sur le parvis des temples. D'où la nécessité de ranimer l'appétence, en changeant à chaque saison de scandaleux. La fusion entre haute couture et haute culture, pronostiquée par Malraux, avec son flair habituel, peu après 68, suscite une rotation accélérée des marques de contemporanéité, qui est l'une des raisons d'être du journalisme. La tradition du nouveau a besoin de la fabrique des nouvelles, et vice-versa. Les deux avaient toutes raisons de fusionner. Qu'est-ce qu'une information, au sens mathématique, sinon l'inverse d'une probabilité d'apparition ? Comme la nouvelleté est le ressort de la mode, ce perpetuum mobile, une *joint-venture* couronne la convergence des deux entreprises. Un même ennemi : le déjà-vu. Une même devise : chiche ! Un même idéal : encore plus fort ! Le Créateur, par définition, choque les gens de goût, offense les bonnes mœurs, et déjoue les attentes : deux siècles d'histoire de l'art en font foi. Quelques malins se et nous persuadent qu'ils appartiennent à la race supérieure parce que leurs

productions irritent, offensent et déconcertent. Démêler l'original du simili est l'affaire du critique, mais dans les deux cas, le savoir-faire du contre-pied passe par son faire-savoir. Si personne ne regarde, n'écoute ou ne lit, où sera le dérangement ? Si le scandale n'éclot pas ou tarde trop, le Créateur devra y mettre la main lui-même (lettre de lecteur indigné, pétition genre « protégeons la société » ou encore « faut-il brûler M. X. ? »). C'est le support qui sert d'arbitre aux émulations professionnelles. « Je suis meilleur que toi, mon petit loup, parce que je fais exactement le contraire de ce que tu as fait, et ça va décoiffer. J'aurai beaucoup de presse. — À charge de revanche, pour le *next step*, dit le confrère ainsi *doublé*. Attends-toi au choc en retour. » Le Journaliste fut longtemps la tête de Turc préférée du Poète – lire Balzac, Baudelaire et Zola. Il est normal qu'il soit devenu son juge de touche. La Communication a filialisé la Création. Elle veut – et peut – presque tout.

3. *Le chantage.* Il s'exerce en aval sur le spectateur ou l'auditeur (si vous n'aimez pas ce que nous avons tant aimé, vous êtes des vieux), mais d'abord et en amont sur le détenteur des cordons de la bourse. Pour le ministre en charge, refuser d'emboîter le pas au « toujours plus loin » serait s'en prendre à la

liberté de la presse, et un homme public qui s'expose à ce soupçon sacrilège est un homme mort – comme l'eut été un seigneur libertin du XVIIe siècle proclamant devant l'évêque du baillage que Dieu n'existe pas. Plus besoin de masque de fer ; le sceau du ringard mettra l'odieux sur le sable en le coupant du réseau. Avantage de l'absolutisme médiatique sur le monarchique, l'impie pourra couler des jours sereins et introvertis dans sa fermette normande. L'ex-décideur politique, qui n'a plus rien à décider hormis les nominations, les décorations et le montant des subventions (le plus souvent préaffectées), comparait matin, midi et soir devant le Dieu Société, Dieu unique en trois personnes, comme Celui d'avant : le Père électeur, le Fils sondeur et le Saint-Esprit journaliste. Dans la comédie culturelle, il n'y a qu'un seul porteur de grâce, le dernier. L'électeur s'en tape, le sondeur déclare forfait, seul le troisième est habilité. C'est le Spectateur absolu. D'où la déréliction proprement judaïque du délégué auprès du Premier ministre du *Festivus Festivus* cher à Philippe Muray, face au Juge Suprême, et ses rites propitiatoires quotidiens pour amadouer l'inexorable (cocktails, confidences, repas, voyages, inscription à jurys et commissions). Le M. ou Mme Culture d'un gouvernement n'est pas socialement responsable mais sociétalement inculpable, à tout moment, rétroactivement et d'abord devant sa conscience. L'otage de la rue de Valois est quelqu'un qui, une nuit sur deux, se réveille en sursaut avec une sueur froide : n'a-t-il, n'a-t-elle pas, par mégarde ou inculture, raté le coche ? Refusé le legs Caillebotte, confié son rideau de scène à Puvis de Chavannes, donné une avance sur recettes à Duvivier, laissé filer les Dubuffet à Lausanne ? Coupé les crédits à Bartók ou Schoenberg, laissé siffler sans protester le *Sacre du printemps*, comme la première baronne venue au théâtre des Champs-Élysées en 1913 ? Ces zombies font la ronde autour de son lit, le criblent de lazzis. Il ou elle se cauchemarde en procureur Pinard, en membre de l'Institut, en Fossoyeur du Neuf. La postérité le ou la montre du doigt. Le ou la voilà épinglé(e) pour toujours, Maurice Druon devant l'éternité. D'où le syndrome suédois. Il, elle se met du côté de ceux qui l'ont à l'œil. Et n'en mènera pas large, à son réveil. Plus facilement *tenu*, vu les fâcheux précédents de son bord, l'interchangeable de droite s'appliquera encore mieux à rester dans les clous. La page Culture de son quotidien libérateur lui signale-t-il un train en partance, qu'il sautera dedans sans crier gare : parrainage, subvention, gala d'ouverture, photo de groupe. Sait-on jamais. Les meneurs de jeu ne prennent plus de gants, le chef d'orchestre marche à la foi et à la manchette. Ainsi notre bon ministre, arrivant en Avignon à la fin juillet pour calmer le jeu, eut-il à cœur de réunir d'emblée à l'hôtel son conseil de surveillance, à savoir les journalistes culturels présents sur place, pour « évaluer la situation ». Il eut à la sortie un mot digne du *Prince* : « Il est de mon devoir de garantir l'indépendance artistique, ne comptez pas sur moi pour faire le censeur. » Il parlait sous l'œil des censeurs. En clair : souhaitant se voir reconduit dans ses fonctions, il ne remettrait pas en cause sa dépendance médiatique en appelant un chat un chat. Sachant trop quelle descente aux enfers l'attendait s'il venait à penser, et pis encore, par lui-même. Qui jettera la pierre à ce malheureux ?

Outre un légitime attachement à la voiture de fonction, joue en sa faveur un calcul de risques élémentaire : aucun critique, aucun historien du goût, aucun homme de l'art ne peut lui donner l'assurance formelle que la coûteuse esbroufe en litige n'accédera pas d'ici dix ans au statut d'œuvre prémonitoire. S'il peut douter, entre chair et cuir, que la bulle s'enthousiasme à bon droit pour le Créateur maltraité par les philistins du jour, du moins n'a-t-il rien à perdre, dans l'immédiat, à faire chorus avec ses gardiens et garants. Si le flop échoue à rebondir, personne ne se souviendra demain de sa cautèle. S'il devient après-demain *Ubu roi* ou *La Cantatrice chauve* et si notre homme a marqué la moindre réserve, ses mânes seront maudites. La théorie des jeux aussi vote pour l'abstention.

Le ministre a raison de la boucler : la critique dramatique n'est pas de son ressort. Les commissaires ont raison de défendre les créateurs qu'ils ont repérés comme étant les plus significatifs du moment. Le Créateur a raison de chercher tous les appuis qu'il peut, publics et privés, pour donner à connaître son travail à un maximum de gens. Et le journaliste a raison de donner en toute liberté son avis, qui n'engage que lui, au pire son journal, mais personne d'autre.

Chacun son rôle et tout est bien. Quand la pièce est bonne, il n'y a point d'invraisemblance.

On prête à Vilar sur la fin de sa vie l'envie ou l'intention d'arrêter les frais, de saborder un festival devenu trop gras et trop lourd, qui a dépassé sa taille critique, et d'inventer un nouvel Avignon hors Avignon. Vaste programme. Moins ambitieuse et plus immédiate, une autre hypothèse serait, actuellement, envisagée par les responsables : un franc dédoublement, entre d'un côté un festival intra-bulle, exclusivement réservé aux rédactions des journaux-piliers, aux fonctionnaires du ministère et aux commissaires associés, à la charge du contribuable (l'habitude étant prise) ; et de l'autre, un festival *Out* pour le vulgaire, bon enfant et tous publics, financé par une collecte nationale, une tombola et quelques mécènes philanthropes (il y en a). D'autres alternatives seraient à l'examen. Elles échappent à la compétence d'un flâneur sur la rive, qui n'aime qu'à rêvasser sur des sujets sérieux.

Il faut faire confiance aux problèmes sans solution : outre que ce sont au fond les seuls dignes d'intérêt, ils ont la faculté de se renouveler sans cesse en tournant sur eux-mêmes. Féconde est la quadrature du cercle. Fort de ses amertumes et malgré son optimisme, le fondateur du Théâtre National Populaire a conclu, quelques jours avant de mourir, dans un projet de lettre à Malraux, à « la difficulté extrême (l'impossibilité) de concilier, durablement, liberté de création et pouvoir politique, sous quelque régime que ce soit [1] ». De fait, s'il y avait une solution nyaka, cela se saurait, depuis Michel-Ange. Et chaque année ne déverserait pas sur nos présentoirs tant d'essais pointus et de rapports mastocs, planifiant un énième redécoupage du serpent de mer.

Personnellement, on aurait été tenté (passé la soixantaine, les traits de caractère s'aggravent, comme s'accusent ceux du faciès) d'en appeler à un sursaut d'indépendance de la part du Prince, à un regain de volontarisme

1. Jean Vilar, *Le théâtre, service public, et autres textes*, Gallimard, Paris, 1975.

pour renouer les fils. Ce n'est pas, nous semble-t-il, son interventionnisme mais son abstentionnisme qui « fait problème ». Non son intrusion dans un domaine dont il est vrai qu'il ne le regarde pas – puisqu'un État démocratique n'a pas plus à se mêler du Beau que du Vrai et du Bien. Mais sa docilité envers une féodalité qui lève tribut sur les manants mais ne nous regarde plus, et qui a accaparé les moyens d'accréditation symbolique, comme les cent familles de jadis, les moyens de production industriels. Cet effort pour émanciper l'État du joug de la « société civile », et du même coup, le tiers état de son clergé culturel, ne pourrait pas ne pas trahir afin de bien traduire. Car le beau projet de l'État mécène ne saurait à présent se reprendre qu'en renversant les termes de l'oracle d'antan. On prendrait alors une voix de *vates* et tapant du poing sur un bureau Louis XV, face caméra : « La République *doit* faire au XXIe siècle pour l'instruction ce qu'elle a fait au XXe pour la culture. » Les années Malraux avaient sacralisé l'art en le retranchant du savoir ? Les années Lang ont sacralisé l'artiste en le retranchant du patrimoine ? Le peuple demande dorénavant des petites mains, cousettes et couturiers, pour recoudre le vieux et le neuf – le plus sûr moyen de fabriquer du neuf.

Ce cahier de doléances, légèrement programmatique, c'est peu dire qu'il irait vite rejoindre mille autres utopies mégalomanes dans l'armoire à balais du ministère, tant l'air du temps lui est contraire. Pour l'heure, prévaut la Bulle. Elle régente un État heureusement convaincu qu'il n'est pas fait pour diriger l'art mais qui trouve malheureusement plus expédient de la servir, elle, plutôt que lui.

Le temps n'est-il pas venu, pour l'aspirant spectateur, d'un repli sur la sagesse zen, celle qui inspira à un chenu ventripotent du siècle passé la plus juste des devises : « Il n'est pas de problème qu'une absence de décision ne suffise à résoudre » ?

Deux issues possibles.

La première : suggérer à l'État de se retirer. Impossible, et nullement souhaitable.

Impossible, parce que nul *cost-killer* ne saurait effacer d'un trait de plume gestionnaire 1936, 1945, 1958 et 1981. Notre système national de soutien et de protection fait corps avec notre cinéma, notre musique, notre théâtre, notre littérature, nos arts plastiques – et ils tomberaient, les uns dans le néant, les autres dans la niaiserie, s'ils devaient connaître le sort de la télévision dite publique et du mieux-disant culturel de célèbre oubli.

Mais surtout pas souhaitable, car ce serait remettre l'essentiel de la vie à un marché sans conscience ni miséricorde, et surtout sans discernement. L'État est garant de liberté. Il est le seul à pouvoir assurer aux gens de théâtre comme à tous les artistes le droit de déplaire – aux notables, à monsieur le maire ou à madame le président de région, aux représentants du Parti ou du Front, aux chefs d'entreprise, aux paras, aux évêques, à vous et à moi. Le local asservit, le central libère (limites de la décentralisation).

La deuxième : trouer la bulle à coups d'épingle. Impossible et nullement souhaitable.

Impossible parce que la bulle est un bulldozer qui ne fait pas dans le sentiment et qui s'y pique ne s'en relève pas (pas de couronnes sur la tombe du soldat inconnu). Du dehors, rien n'est possible (parois ignifuges). Du dedans, encore moins (ventre mou). Il y a une délinquance financière à l'intérieur de la bulle du même nom, et une Commission des Opérations en Bourse (COB). Il n'y a pas, limites d'une métaphore facile, de délinquance dans notre bulle professionnelle : le délit d'initié y est hautement recommandé. Un COC (Comité des Opérations Culturelles) ou, pire, une Brigade de répression des fraudes ne sont pas pour demain, et nul ne s'en plaindra.

Et surtout pas souhaitable. La bulle, société mixte, interministérielle et multinationale, où collaborent loyalement institutions privées (associations, fonds et fondations) et pouvoirs publics (directions, délégations et centres) joue un rôle indispensable : dispositif d'aide et d'accompagnement, corps d'inspection, coussin amortisseur, centre d'entraînement. Elle suit ou fait, fait ou suit la mode ? Autant dire qu'elle est capable de se réformer et même d'opérer un retour lucide sur elle-même (à preuve la pétition qui circule en son sein en faveur d'une parité homo-hétéro, au reste irréaliste car supposant une discrimination positive pour l'heure interdite en faveur de la minorité hétéro qui s'estime, à tort ou à raison, pénalisée). Il est bon qu'il y ait des modes. S'il n'y en avait pas, il n'y aurait pas d'art, ni de goût ni de public ni d'amour. La mode est le mode d'existence de l'inventivité, et au-delà, de l'homme lui-même, ce cancre qu'on ne peut mettre durablement au piquet. Plaignons nos mammifères modèles qui ne changent jamais de croquettes, de pelage, de villes d'eau, et copulent à heure fixe depuis un million d'années.

Alors, que faire ?
Rien, assurément.
Ou pire encore : des comédies.

Belle-Île-en-Mer, 29 juillet/14 août 2005.

Table des matières

I D'un été l'autre 17

II De la nostalgie en général 47

III De quelques faux procès, et d'un plus vraisemblable 61

IV D'une génération à risques 77

V D'un problème sans solution 95

• • • SAGIM • CANALE • • •

Achevé d'imprimer en octobre 2005
sur rotative Variquik
à Courtry (77181)

Imprimé en France

N° d'édition : FF 896001
Dépôt légal : octobre 2005
N° d'impression : 8858

L'imprimerie Sagim-Canale est titulaire de la marque
Imprim'vert© 2005